Jeremy Bentham

Déontologie ou Science de la morale

Théorie (Tome I)

ISBN : 978-1530171453

10 9 8 7 6 5 4 3 2 1

Jeremy Bentham

Déontologie ou Science de la morale

Théorie (Tome I)

Table de Matières

AVANT-PROPOS
DU TRADUCTEUR.

La traduction de cet ouvrage présentait des difficultés d'une nature toute spéciale, et que je ne me flatte pas d'avoir complètement surmontées : il s'agissait de faire passer, dans notre langue philosophique, la phraséologie nerveuse, originale, parfois étrange, toujours profondément juste et vraie, de l'écrivain le plus concis, le plus elliptique, le plus économe de mots. Et cette tâche n'avait point été affaiblie par la plume pittoresque et brillante qu'il s'était lui-même choisie pour interprète.

Ici la circonlocution était interdite ; la périphrase n'était pas de mise ; le système des équivalents n'était pas admissible. Il fallait, de toute nécessité, prendre le mot pour avoir la chose ; car, sous la plume du philosophe anglais, le mot est tellement soudé à la chose, qu'il en est devenu inséparable. De là, la nécessité de créer quelques locutions nouvelles, auxquelles nous ne pouvons refuser d'accorder droit de bourgeoisie, si nous voulons que l'expression soit l'exacte représentation de la chose exprimée. La première qui se présente, c'est celle qui fait la base de tout l'ouvrage ; ce sont les mots *maximisation, minimisation, maximiser, minimiser*. Tout équivalent leur eût fait perdre de leur énergie. Ainsi la maximisation du bonheur, ce sera le bonheur élevé à son maximum ; sa minimisation, ce sera sa quantité réduite au minimum. Le principe de la maximisation du bonheur sera le principe qui se propose pour but de procurer aux hommes, individuellement et collectivement, la plus grande somme de bonheur possible, de leur épargner la plus grande quantité possible de maux.

Un autre terme, qui occupe une grande place dans cet ouvrage, c'est celui de *bienveillance*, et ses dérivés. Ce mot si juste, si expressif, manque à notre langue. Car ce que nous entendons par bienveillance, n'a rien de commun avec le sens que lui donnent ici Bentham et son interprète. Ce n'est pas ce sentiment faible et superficiel qui ne se manifeste guère qu'extérieurement et du bout des lèvres, cette grimace d'affabilité et de courtoisie, cette facile monnaie à l'usage des grands, et dont ils paient les services de leurs inférieurs. C'est ce sentiment large, abondant, expansif, qui sympathise avec toutes les souffrances, et s'efforce de les alléger, qui fait du bonheur des hommes son étude et son but. C'est ce génie qui inspire toutes les vertus, qui dictait les écrits d'un Fénelon, et les actes d'un Vincent de Paul. La bienveillance, telle que notre langue l'avait entendu jusqu'ici, c'est une vertu d'aristocrate, et qui n'est point à l'usage de tout le monde. Qui a jamais parlé de la bienveillance du pauvre ? La bienveillance, telle que nous l'entendons, la bienveillance de Bentham, c'est le *bien vouloir*, la volonté du bien, cette volonté vertueuse, éclairée, à laquelle nous devons Bentham lui-même, qui lui a fait consacrer au bonheur des hommes tous les instants de sa longue, infatigable et bienveillante carrière.

D'autres mots encore ont dû recevoir une acception plus large que celle que notre langue leur attribue. Tels sont *convenance* et *inconvenance*, *convenable* et *inconvenable*, qui n'exprimaient que des idées purement conventionnelles, et auxquelles nous aurons associé, d'une manière absolue, les idées qui se rattachent au devoir. Ainsi, ce qui est convenable n'est pas pour nous le résultat du caprice individuel ou social, c'est ce qui est conforme à l'intérêt éclairé et bien entendu, soit individuel, soit social. *Inconvenable*, exprimant l'idée contraire, a dû être substitué au mot *inconvenant*, dont le sens n'a aucune analogie avec lui.

Sur toutes ces innovations de langage, comme sur le système de fidélité rigoureuse que nous nous sommes imposé dans notre travail, nous nous en rapportons avec confiance au bon sens du public.

Benjamin Laroche.
15 avril 1834.

PRÉFACE

Cet ouvrage était déjà commencé quand la mort est venue soudainement terminer les travaux terrestres de son illustre auteur. Il avait l'habitude, qu'il a conservée jusqu'aux derniers moments de son existence, de jeter sur le papier, sans ordre et sans suite, toutes les pensées qui s'offraient à son esprit sur l'importante matière qui fait le sujet de ces volumes. De temps à autre, il remettait entre mes mains tous ces matériaux épars, et, dans l'intimité dont m'honorait ce grand homme, il daignait me donner lui-même les instructions nécessaires pour m'en faciliter l'intelligence et l'arrangement. C'était pour moi une tâche bien douce et bien attrayante, que de poursuivre des investigations dans lesquelles la bienveillance et la sagesse se donnaient la main ; et combien précieuse au disciple devait être l'instruction qui se reproduisait si admirablement en exemples, dans chaque pensée, chaque parole, chaque action du maître. Je pris la plume avec empressement ; je continuai mon travail avec un charme toujours nouveau ; je le termine avec un sentiment d'amertume et de tristesse qu'aucune parole ne saurait peindre. Le charme est dissipé ; la voix s'est éteinte qui me guidait et m'encourageait dans la carrière. Quand je feuillette ces pages, elles me semblent avoir quelque chose de solennel, comme si elles n'étaient plus qu'un écho de la tombe. Bientôt une autre occasion se présentera de parler de celui dont la pensée a préparé cet ouvrage. Je l'offre aujourd'hui au public : c'est un premier acte dans l'accomplissement des devoirs qui m'ont été imposés, comme dépositaire de ces trésors littéraires que mon ami et mon maître a confiés à ma garde et à ma foi.

John Bowring.

Introduction

Si l'on admet que la vertu doit être la règle, et le bonheur le but des actions humaines, celui qui fait voir comment l'instrument peut s'appliquer le mieux à la production de la fin, et comment la fin peut être accomplie dans le plus haut degré qu'il soit possible d'obtenir ; celui-là, sans nul doute, fait un acte vertueux et a droit aux récompenses réservées à la vertu. Ce ne sera pas un petit service rendu au genre humain, que de découvrir des lois applicables à toutes les circonstances de la vie, et de mettre l'homme honnête et consciencieux à même de répondre sagement à cette question embarrassante, que chaque jour, à chaque instant, chacun de nous se fait à lui-même : « Comment agirai-je, et par quel motif ? » L'ouvrage qu'il m'est donné d'offrir au public contribuera, je l'espère, à éclairer les parties obscures du champ de la morale, à résoudre bien des doutes, à démêler bien des difficultés, et à satisfaire les investigateurs de la vérité. Le manuscrit a été mis entre mes mains, par l'auteur, sans restriction, ni réserve aucune, quant au mode et à la forme de publication. L'extrême indifférence de cet homme extraordinaire pour ce qu'on appelle la gloire littéraire, forme un contraste frappant avec cette anxiété avec laquelle il a toujours exprimé le vœu que ses opinions « fissent leur chemin par le monde. » Il a toujours été plus désireux d'extraire le métal de la mine et de le préparer, que de lui imprimer son nom ou son image. Et néanmoins, la postérité n'oubliera pas son bienfaiteur ; elle ne manquera pas d'honorer l'homme qui exercera nécessairement sur sa destinée une haute et puissante influence. On peut dire avec raison des ouvrages de Bentham, ce que Milton disait d'un de ses livres aujourd'hui presque oublié : « Il faut une haute intelligence pour les apprécier. » Les doctrines de notre auteur ont remué fortement le petit nombre des esprits philosophes ; déjà elles se font jour rapidement et descendent dans les masses qui s'éclairent. Des cris insultants ont pu l'assaillir dans sa marche; mais quel est le sage qui a pu le mépriser, ou qui , ayant écouté sa voix, n'a point entouré de son respect et de sa reconnaissance l'homme qui le premier a fait une science de la législation ?

Le moyen dont s'est servi Bentham, e été d'employer un langage capable de transmettre ses idées avec la plus grande précision. Une phraséologie vague enfante nécessairement des idées vagues. Dans les mains des hommes bien intentionnés, c'est une source de confusion; aux mains des mal intentionnés, c'est un instrument de dommage. Le bien et le mal, le juste et l'injuste sont des termes susceptibles d'interprétations bien différentes. Se ployant aux caprices de l'intérêt personnel, ils peuvent servir, ils ont servi en effet à produire indifféremment le bien ou le mal. En les examinant de près, on trouvera qu'ils ne sont que l'expression des opinions plus ou moins influentes de celui qui les emploie, et que pour apprécier leur valeur et l'opportunité de leur application, il faut qu'ils puissent soutenir l'épreuve de quelque autre principe.

Le langage ordinaire, avant de pouvoir servir à la transmission des idées justes, doit d'abord être traduit dans la langue de l'utilité, ou, en d'autres termes, dans la langue du bonheur et du malheur, des plaisirs et des peines. C'est dans ces éléments que se résolvent définitivement tous les résultats moraux. C'est un point au-delà duquel on ne saurait avancer. S'il est un plus grand bien que le bonheur, que celui qui en a fait la découverte le présente comme récompense : s'il est un plus grand mal que le malheur, que son inventeur en fasse un instrument de punition. C'est dans le vocabulaire des plaisirs et des peines que notre grand moraliste a trouvé tout le mécanisme de sa découverte.

Fiat experientia : cet axiome de Bacon a été reconnu comme le fondement de toute science véritable. *Fiat observatio*, tel est l'axiome de Bentham. L'observation est pour le moraliste ce qu'est l'expérience pour le philosophe. Bentham a examiné les actions humaines à travers les plaisirs et les peines qui en découlent, et il a fondé tous ses raisonnements sur cet examen. Dans cette opération, la vérité ne pouvait que difficilement lui échapper, car la vérité et l'utilité marchent ensemble. Celui qui découvre ce qui est utile n'est pas loin de trouver ce qui est vrai. En effet, il est plus facile d'arriver à la vérité en allant à la recherche de l'utilité, que d'atteindre la vérité sans avoir l'utilité pour guide ; car ce qui est utile rentre dans le domaine de l'expérience, tandis que ce n'est qu'à l'aide de conjectures que nous nous enquérons de ce qui est vrai.

Ceux qui connaissent l'Introduction de Bentham aux Principes de la Morale et de la Législation, trouveront dans ce livre peu de choses nouvelles ; et il en est, peut-être, qui penseront que cette publication devient sans utilité et sans but, après ce magnifique monument de puissance analytique et de force logique. Mais les principes déposés dans cet ouvrage revêtent trop souvent la forme d'axiomes, pour intéresser l'universalité des lecteurs ; il leur manque, comme la circulation restreinte de ce livre l'a prouvé, l'attrait de formes plus populaires. Celui-ci, au contraire, spécialement approprié à la généralité des lecteurs, est rédigé avec moins de suite et de concision. Pour se faire lire, il lui a fallu adopter un style moins rigoureux et moins sévère.

Le premier était destiné aux méditations du penseur. Celui-ci aspire à une sphère d'utilité moins élevée, mais plus étendue et plus populaire. « L'Introduction » a une portée plus vaste et plus profonde ; elle a principalement pour but le développement des vrais principes de législation, ce qui ne saurait intéresser la généralité des lecteurs. Dans ces volumes, autre est le but ; nous ne nous proposons pas d'entrer dans les développements de la science jurisprudentielle. C'est de la morale privée que nous nous occupons ; et ce sujet se recommande à l'attention de tous, en toute occasion et dans tout ce qui est du domaine de la parole et de l'action.

Chapitre I
Principes généraux. – alliance entre l'intérêt et le devoir.

Celui qui prend la parole dans une assemblée délibérante se met en quelque sorte hors de ligne, et s'attribue une supériorité véritable sur son auditoire. De même, celui qui, dans la république des lettres, se résout à prendre rang parmi les écrivains, celui-là se distingue par cela même de la foule des lecteurs, et tous deux assument une grande responsabilité. La différence est que toute erreur dans laquelle sera tombée l'orateur pourra être à l'instant relevée, tandis que dans cet auditoire fictif et qui ne s'assemble jamais, qui constitue le tribunal de l'opinion, le redressement de l'erreur n'est jamais immédiat ; à l'abri, pour la plupart du temps, de toute contradiction, l'écrivain est exposé à s'exprimer avec une assurance que ne justifie pas sa position.

Il y a des motifs pour qu'il ne donne pas à ses doctrines et à ses principes l'appui de raisons suffisantes, dont la production lui imposerait un surcroît de travail, et dont le développement exigerait un exercice additionnel de force intellectuelle. Le législateur légal, malgré l'étendue de ses pouvoirs, est moins despotique dans son langage que l'écrivain qui se constitue de son chef législateur du peuple. Il promulgue des lois sans exposé des motifs, et en général ces lois ne sont que l'expression de sa volonté suprême et de son bon plaisir. En effet, il est malheureux que les hommes abordent la discussion de questions importantes, déterminés d'avance sur la solution qu'ils leur donneront. On dirait qu'ils se sont préalablement engagés envers eux-mêmes à trouver bons certains actes, certains autres mauvais. Mais le principe de l'utilité n'admet point ces décisions péremptoires. Avant de condamner un acte, il exige que son incompatibilité avec le bonheur des hommes soit démontrée. De telles investigations ne conviennent point à l'instructeur dogmatique. Il ne saurait donc s'accommoder du principe de l'utilité. Il aura pour son usage un principe à lui. Pour soutenir son opinion, il fera de cette opinion un principe. « Je proclame que ces choses ne sont pas bien, dit-il avec une dose suffisante d'assurance, donc elles ne sont pas bien. »

Il est évident que cette manière de raisonner, par laquelle l'affirmation d'une opinion tient lieu de preuve et constitue une raison suffisante, doit mettre sur le même niveau les idées les plus extravagantes et les opinions les plus salutaires, et qu'il faudra désormais apprécier la vérité ou la fausseté d'une opinion par le degré de violence avec lequel on la soutient, et par le nombre de ses sectateurs. Mais si la violence constitue un moyen d'appréciation, comme l'intensité d'une conviction ne peut se mesurer que par son influence sur les actions, il en résultera que celui qui renverse son adversaire, est meilleur logicien que celui qui se borne à une prédication véhémente ; celui qui lui coupe la gorge, meilleur logicien encore, et qu'enfin tous deux doivent céder la palme à celui qui met son antagoniste à la torture avant de lui ôter la vie ; en sorte que, la moralité d'une opinion sera en raison directe du degré de persécution employé pour la soutenir, et qu'à ce compte le type le plus parfait de la vérité et de la raison, ce sera l'inquisition. Si c'est le nombre qui doit décider, le christianisme devra céder le champ de bataille à l'idolâtrie, et la vérité et la morale seront dans un état perpétuel d'oscillation, entre les majorités et les minorités qui changent avec toutes les vicissitudes des choses humaines.

Celui qui, dans toute autre occasion, dirait : « cela est comme je le dis, parce que je dis que cela est ainsi », celui-là ne paraîtrait pas avoir dit grand'chose ; mais en matière de morale, on a écrit de gros volumes dont les auteurs, de la première page jusqu'à la dernière, répètent ce raisonnement, et rien de plus. Toute la puissance de ces livres, toutes leurs prétentions logiques, consistent dans la suffisance de l'écrivain, et dans la déférence implicite de ses lecteurs. Avec une dose convenable de ces ingrédients, on peut tout faire passer indifféremment. De cette arrogation d'autorité est né le mot obligation, du verbe latin *obligo*, je lie, terme vague, nuageux, dont tant de volumes écrits sur la matière n'ont pu dissiper encore l'obscurité qui a continué et qui continuera aussi épaisse, jusqu'à ce que, dans ce chaos, vienne luire le flambeau de l'utilité ; avec ses peines et ses plaisirs, et les sanctions et les motifs qui en découlent.

Il est en effet fort inutile de parler de devoirs ; le mot même a quelque chose de désagréable et de répulsif. Qu'on en parle tant qu'on voudra, jamais ce mot ne deviendra règle de conduite.

Un homme, un moraliste, s'étale gravement dans son fauteuil, et là, vous le voyez dogmatiser en phrases pompeuses sur le *devoir* et les *devoirs*. Pourquoi personne ne l'écoute-t-il ? parce que, tandis qu'il parle de devoirs, chacun pense aux intérêts. Il est dans la nature de l'homme de penser avant tout à ses intérêts, et c'est par là que tout moraliste éclairé jugera qu'il est de son intérêt de commencer ; il aurait beau dire et beau faire, à l'intérêt le devoir cédera toujours le pas.

L'objet que nous nous proposons dans cet ouvrage, c'est de faire ressortir les rapports qui unissent l'intérêt au devoir dans toutes les choses de la vie. Plus on examinera attentivement ce sujet, plus l'homogénéité de l'intérêt et du devoir paraîtra évidente. Toute loi qui aura pour objet le bonheur des gouvernés, devra tendre à ce qu'ils trouvent leur intérêt à faire ce dont elle leur impose le devoir. En saine morale, le devoir d'un homme ne saurait jamais consister à faire ce qu'il est de son intérêt de ne pas faire. La morale lui enseignera à établir une juste estimation de ses intérêts et de ses devoirs ; et en les examinant, il apercevra leur coïncidence. On a coutume de dire qu'un homme doit faire à ses devoirs le sacrifice de ses intérêts. Il n'est pas rare d'entendre citer tel ou tel individu pour avoir fait ce sacrifice, et on ne manque jamais d'exprimer à ce sujet son admiration. Mais en considérant l'intérêt et le devoir dans leur acception la plus large, on se convaincra que dans les choses ordinaires de la vie, le sacrifice de l'intérêt au devoir n'est ni praticable, ni même beaucoup à désirer ; que ce sacrifice n'est pas possible, et que s'il pouvait s'effectuer, il ne contribuerait en rien au bonheur de l'humanité. Toutes les fois qu'il s'agit de morale, il est invariablement d'usage de parler des devoirs de l'homme exclusivement. Or, quoiqu'on ne puisse établir rigoureusement en principe, que ce qui n'est pas de l'intérêt évident d'un individu, ne constitue pas son devoir, cependant on peut affirmer positivement qu'à moins de démontrer que telle action ou telle ligne de conduite est dans l'intérêt d'un homme, ce serait peine perdue que d'essayer de lui prouver que cette action, cette ligne de conduite, sont dans son devoir. Et cependant c'est ainsi qu'ont procédé jusqu'à présent les prédicateurs de morale. « Il est de votre devoir de faire cela. Votre devoir est de vous abstenir de ceci ; » et l'on avouera que de cette manière, la tâche du moraliste n'est pas difficile. Mais pourquoi est-ce mon devoir ? Voici quelle sera à peu prés la réponse à cette question : « Parce que je vous l'ai ordonné, parce que c'est mon opinion, ma volonté. - Oui, mais si je ne me conforme pas à votre volonté - Oh! dans ce cas, vous aurez grand tort ; ce qui veut dire : Je désapprouverai votre conduite. »

Il est certain que tout homme agit en vue de son propre intérêt ; ce n'est pas qu'il voie toujours son intérêt là où il est véritablement ; car, par là, il obtiendrait la plus grande somme de bien-être possible ; et si chaque homme, agissant avec connaissance de cause dans son intérêt individuel, obtenait la plus grande somme de bonheur possible, alors l'humanité arriverait à la suprême félicité, et le but de toute morale, le bonheur universel serait atteint. La tâche du moraliste éclairé est de démontrer qu'un acte immoral est un faux calcul de l'intérêt personnel, et que l'homme vicieux fait une estimation erronée des plaisirs et des peines. S'il n'a fait cela, il n'a rien fait ; car, comme nous l'avons dit plus haut, il est dans la nature des choses, qu'un homme s'efforce d'obtenir ce qu'il croit devoir lui procurer la plus grande somme de jouissances.

En écrivant cet ouvrage, nous avons pour objet le bonheur de l'humanité, le bonheur de chaque homme en particulier, ton bonheur, lecteur, et celui de tous les hommes. Ce que nous nous proposons, c'est d'étendre le domaine du bonheur partout où respire un être capable de le goûter ; et l'action d'une âme bienveillante n'est pas limitée à la race humaine ; car si les animaux que nous appelons inférieurs n'ont aucun titre à notre sympathie, sur quoi s'appuieraient donc les titres de notre propre espèce ? La chaîne de la vertu enserre la création sensible tout entière. Le bien-être que nous pouvons départir aux animaux, est intimement lié à celui de la race humaine, et celui de la race humaine est inséparable du nôtre.

Il serait, certes, grandement à désirer que quelque moraliste bienfaisant prit les animaux sous sa protection, et revendiquât leurs droits à la protection des lois et à la sympathie des hommes vertueux. Ce vœu est peut-être prématuré aujourd'hui qu'une portion considérable de la race humaine est encore exclue de l'exercice de la bienfaisance, et traitée comme des animaux inférieurs ; non comme des *personnes*, mais comme des choses. Les animaux, il est vrai, n'ont qu'une puissance d'action fort limitée sur le sensibilité humaine, que peu de moyens de faire éprouver à l'injustice et à la cruauté le châtiment qui leur est dû, et moins encore de donner à l'homme, par la communication du plaisir, la récompense de son humanité et de ses bienfaits. Nous leur ôtons la vie, et en cela nous sommes justifiables ; la somme de leurs souffrances n'égale pas celle de nos jouissances : le bien excède le mal. Mais pourquoi les tourmenter ? Pourquoi les torturer ? Il serait difficile de dire par quelle raison ils seraient exclus de la protection de la loi. La véritable question est celle-ci : « Sont-ils susceptibles de souffrances ? Peut-on leur communiquer du plaisir ? Qui se chargera de tirer la ligne de démarcation qui sépare les degrés divers de la vie animale, en commençant par l'homme, et descendant de proche en proche jusqu'à la plus humble créature capable de distinguer la souffrance de la jouissance ? La distinction sera-t-elle établie par la faculté de la raison ou celle de la parole ? Mais un cheval ou un chien sont, sans comparaison, des êtres plus rationnels et des compagnons plus sociables qu'un enfant d'un jour, d'une semaine ou même d'un mois. Et en supposant même qu'il en fût autrement, quelle conséquence en tirer ? La question n'est pas : Peuvent-ils raisonner ? peuvent-ils parler ? mais : Peuvent-ils souffrir ? [1]

Mais, de tous les êtres sensibles, les hommes sont ceux qui nous touchent de plus prés et qui doivent nous être le plus chers. Et comment pourrez-vous travailler le plus efficacement à leur bonheur ? Comment, si ce n'est par l'exercice des vertus, de ces qualités dont la réunion constitue la vertu ? La vertu se divise en

---

1 Introduction aux Principes de la Morale, etc., chp. XVII, page 309.

deux branches : la prudence [1] et la bienveillance effective [2] . La prudence a son siège dans l'intelligence ; la bienveillance effective se manifeste principalement dans les affections, ces affections qui, fortes et intenses, constituent les passions.

La prudence, à son tour, se divise en deux : celle qui se rapporte à nous, ou la prudence personnelle [3] , celle par exemple qu'aurait pu exercer le prototype de Robinson Crusoé, le matelot Alexandre Selkirk dans son île déserte ; et celle qui se rapporte à autrui, et qu'on peut appeler prudence extra-personnelle.

La bienveillance effective est ou positive ou négative. Elle s'exerce par l'action ou par l'abstinence d'action. Elle a pour objet ou une augmentation de plaisir ou une diminution de peines. Pour qu'elle opère d'une manière positive, par la production du plaisir, il faut posséder tout à la fois la puissance et la volonté. Quand elle opère négativement en s'abstenant d'agir, la volonté est seule nécessaire. Il y a des limites à la puissance de l'action bienveillante ; il n'y en a pas à la puissance de l'abstinence bienveillante, et l'abstinence d'action peut comporter une quantité de vertu ou de vice égale à celle que comporte l'action elle-même. Il est des cas où l'homme qui s'est abstenu de ce que son devoir lui prescrivait de faire pour empêcher un meurtre, a tout autant mérité le châtiment réservé à l'homicide, que le meurtrier lui-même.

Il est triste de penser que la somme de bonheur qu'il est au pouvoir d'un homme, même du plus puissant, de produire, est petit comparée à la somme de maux qu'il peut créer par lui-même ou par autrui ; non que, dans la race humaine, la proportion du malheur excède celle du bonheur ; car la somme du malheur étant limitée en grande partie par la volonté de celui qui souffre, il a

1 On a attaché au mot *prudence* une signification étroite, exclusive, et dégagée de toute qualification morale ; par prudence on a coutume d'entendre l'application convenable des moyens à une fin donnée. Il est sans doute superflu de dire que ce n'est pas là le sens étroit dans lequel nous entendons cette expression.

2 Nous avons dû employer ces deux mots, dans l'impuissance où est notre langue d'exprimer par un mot unique l'idée de la bonté active, ou de la bienveillance et de la bienfaisance réunies. La bienveillance, sans la bienfaisance, est un arbre sans fruit, et n'ajoute absolument rien au bonheur ; la bienfaisance séparée de la bienveillance, n'est plus une vertu, n'est plus une qualité morale ; elle peut appartenir à un tronc d'arbre ou à un rocher, aussi bien qu'à un être humain.

3 Nous employons ce mot dans le sens d'égoïsme, qui emporte une idée de préférence vicieuse.

Jeremy Bentham

presque toujours à sa disposition des moyens d'alléger ses maux.

Mais la tendance de la bienveillance effective est de s'accroître par l'exercice. C'est un trésor ; plus nous y puisons pour en verser les richesses sur ceux qui nous entourent, plus nos richesses se multiplient. Notre opulence s'accroît en raison de la consommation que nous faisons de nos trésors. Celui qui s'assure un plaisir, ou qui s'évite une peine, contribue à son bonheur d'une manière directe ; celui qui assure un plaisir ou évite une peine à autrui, contribue indirectement à son propre bonheur.

Qu'est-ce que le bonheur ? C'est la possession du plaisir avec exemption de peine. Il est proportionné à la somme des plaisirs goûtés et des peines évitées. Et qu'est-ce que la vertu ? C'est ce qui contribue le plus au bonheur, ce qui maximise les plaisirs et minimise les peines [1]. Le vice, au contraire, c'est ce qui diminue le bonheur et contribue au malheur.

La première loi de notre nature, c'est de désirer notre propre bonheur. Les voix réunies de la prudence et de la bienveillance effective se font entendre et nous disent : Travaillez au bonheur des autres ; cherchez votre propre bonheur dans le bonheur d'autrui.

La prudence, dans le langage ordinaire, est l'adaptation des moyens à une fin donnée. En morale, cette fin, c'est le bonheur. Les objets sur lesquels doit s'exercer la prudence, sont nous-mêmes et autrui : nous-mêmes comme instruments, autrui comme instrument aussi de notre propre félicité. L'objet de tout être rationnel, c'est d'obtenir pour lui-même la plus grande somme de bonheur. Chaque homme est à lui-même plus intime et plus cher qu'il ne peut l'être à tout autre, et nul autre que lui ne peut lui mesurer ses peines et ses plaisirs. Il faut, de toute nécessité, qu'il soit lui-même le premier objet de sa sollicitude. Son intérêt doit, à ses yeux, passer avant tout autre ; et en y regardant de près, il n'y a dans cet état de choses rien qui fasse obstacle à la vertu et au bonheur : car comment obtiendra-t-on le bonheur de tous dans la plus grande proportion possible, si ce n'est à la condition que chacun en obtiendra pour lui-même la plus grande quantité possible ?

De quoi se composera la somme du bonheur total, si ce n'est des unités individuelles ? Ce que demandent la prudence et la

1 *Maximiser*, élever au *maximum* ; *minimiser*, réduire au *minimum* ; expression de Bentham. (*Note du traducteur.*)

bienveillance, la nécessité en fait une loi. La continuation de l'existence elle-même dépend du principe de la personnalité. Si Adam s'était plus soucié du bonheur d'Ève que du sien propre, et qu'en même temps Ève eût subordonné son bonheur à celui d'Adam, Satan eût pu s'épargner les frais d'une tentation. De mutuelles misères eussent détruit tout avenir de bonheur, et la mort de tous deux eût mis à l'histoire de l'homme une prompte conclusion.

Quelles déductions importantes tirerons-nous de ces principes ? Sont-ils immoraux dans leurs conséquences ? Loin de là ; ils sont au plus haut point philantropiques et bienfaisants ; car, comment un homme pourra-t-il être heureux, si ce n'est en obtenant l'affection de ceux dont dépend son bonheur ? Et comment pourra-t-il obtenir leur affection, si ce n'est en les convainquant qu'il leur donne la sienne en retour ? Et cette conviction, comment la leur communiquer, si ce n'est en leur portant une affection véritable ; et si cette affection est vraie, la preuve s'en trouvera dans ses actes et dans ses paroles. Helvétius a dit que pour aimer les hommes il faut peu en attendre. Soyons donc modérés dans nos calculs, modérés dans nos exigences. La prudence veut que nous n'élevions pas trop haut la mesure de nos espérances ; car le désappointement diminuera nos jouissances et nos bonnes dispositions envers autrui, tandis que, recevant de leur part des services inattendus, qui nous donnent le charme de la surprise, nous éprouvons un plaisir plus vif, et nous sentons se fortifier les liens qui nous unissent aux autres hommes.

Pour que le principe de l'utilité conserve son influence, il faut l'avoir continuellement en vue ; et pour cela, dans l'expression de toutes les maximes qui lui sont subordonnées, il faut qu'on aperçoive leur relation avec cette maxime fondamentale.

Ce n'est pas assez que la raison assignée à un acte soit en elle-même conforme à ce principe, cette conformité doit elle-même être l'objet d'un examen et d'un contrôle attentif.

C'est le seul moyen d'empêcher que les personnes qui ne sont pas suffisamment imbues du principe, celles qui n'ont pas encore gravi les hauteurs où l'utilité a établi son trône, ne soient égarées par les dogmes despotiques de l'ascétisme, ou les sympathies d'une bienveillance imprudente et mal dirigée. Que le moraliste tourne sans cesse ses regards vers ce principe dominant, comme le tournesol vers le soleil.

Chapitre II
Ce que c'est que la déontologie. – pourquoi cette dénomination a été adoptée.

Le mot Déontologie est dérivé de deux mots grecs, τὸ δέον (ce qui est convenable) et λογία (connaissance) ; c'est-à-dire, la connaissance de ce qui est juste ou convenable. Ce terme est ici appliqué à la morale, c'est-à-dire, à cette partie du domaine des actions qui ne tombe pas sous l'empire de la législation publique. Comme art, c'est faire ce qu'il est convenable de faire ; comme science, c'est connaître ce qu'il convient de faire en toute occasion.

Mais la question, en tant qu'appliquée par l'individu à sa propre règle de conduite, se résume à savoir ce que lui-même approuve, et quelles sont les conditions nécessaires pour qu'une chose mérite d'être approuvée dans une occasion donnée.

Et pourquoi manifestera-t-il son approbation d'une ligne particulière de conduite ? Sans doute pour que cette approbation amène l'adoption de cette ligne de conduite. Et c'est ainsi qu'elle en constitue un des motifs déterminants. L'opinion publique se compose d'opinions individuelles ; et l'opinion publique est ce qui constitue la sanction populaire ou morale. L'opinion publique dispose d'une somme considérable de récompenses pour agir sur nos espérances, de châtiments pour influer sur nos craintes. Chaque individu de la communauté constitue une partie de cette puissante influence, et il peut exercer et appliquer sa portion de récompense ou de punition ; de récompense pour les actes qui méritent son approbation, de punition pour ceux qu'il désapprouve. Il possède ainsi une puissance sur les motifs déterminants, en proportion de la somme de plaisir ou de peine dont il peut disposer. Ces motifs peuvent être mis en action par la seule indication de leur existence ; quelquefois aussi, ils peuvent être créés : dans l'un et l'autre cas, ils influeront sur la conduite des hommes, et il est impossible d'en prévoir toujours les résultats ; les affections et la volonté sont affectées par les motifs qui leur sont assignés, comme la harpe éolienne par les vents qui font vibrer ses cordes. En offrant des motifs, nous nécessitons des actes ; en éveillant l'attente de peines ou de plaisirs éventuels, nous influons sur la moralité. La déférence du disciple sera en raison de sa confiance dans les opinions et la sympathie du maître ; et la puissance de ce dernier, pour prescrire ou défendre certains actes, sera en proportion de la peine ou du plaisir excités par la désapprobation ou l'approbation qu'il lui aura été possible d'attacher à ces actes. Pour juger du mérite de l'oeuvre qu'il a entreprise, il devra voir si elle s'accorde avec certains principes par lesquels il consent que les infractions soient jugées.

La tâche du Déontologiste est de retirer de l'obscurité où on les a enfouis, ces points de devoirs dans lesquels la nature a associé les intérêts de l'individu à ses jouissances, dans lesquels son propre bien-être a été lié, combiné, identifié avec le bien-être d'autrui ; sa tâche, en un mot, est de donner au moteur social toute l'influence du moteur personnel. Il faut qu'il se serve, pour la production de la plus grande somme de bonheur, de ces éléments de bonheur que tout homme porte en lui-même ; qu'il étende le domaine de la félicité, en développant les principes qui font partie intégrante de l'existence de l'homme, le principe personnel étant nécessairement et heureusement le plus fort. Son activité ne manquera pas d'exercice. Elle n'en saurait manquer, tant qu'il y aura au monde des maux à guérir. Sa tâche est d'établir ses propositions, en faisant sortir de chacune d'elles une balance de bonheur, une balance en faveur de quelqu'un, individu ou société.

La base de la Déontologie, c'est donc le principe de l'utilité, c'est-à-dire, en d'autres termes, qu'une action est bonne ou mauvaise, digne ou indigne, qu'elle mérite l'approbation ou le blâme, en proportion de sa tendance à accroître ou à diminuer la somme du bonheur public. Et il serait inutile de chercher à prouver que la sanction publique, en tant que la question sera comprise, s'attachera à la ligne de conduite qui contribue le plus au bonheur public.

Ici trois questions se présentent, et nous les aurons sans cesse sous les yeux dans le cours de nos investigations :

1°. Qu'exige le bonheur public ?

2°. L'opinion publique est-elle d'accord avec l'intérêt ou le bonheur public ?

3°. En ce qui concerne l'application pratique, quelle ligne de conduite faut-il suivre dans chacun des cas qui se présentent à notre considération ?

Le but étant indiqué, ce but étant reconnu bon et sage, il s'agit d'abord de savoir s'il est efficacement atteint par les opinions professées, et la conduite suivie conformément à ces opinions ; si, en un mot, ce que le monde appelle du nom de morale est réellement l'instrument de bonheur qu'il doit être. Et la question doit être faite, et l'épreuve appliquée dans toutes les parties de notre conduite.

La morale, la religion, la politique, ne peuvent avoir qu'un seul et même objet.

Si l'homme politique, le moraliste et le prêtre, comprennent leur mission, leur but doit être le même.

Le but de l'homme d'état, tel qu'il est universellement avoué, est le bonheur, le bonheur de l'État, la plus grande somme de bonheur possible, pour les individus d'un État, dans le cours de leur vie mortelle.

Tous les partis, quelles que soient leurs opinions morales ou religieuses, s'accordent, d'une voix unanime, à reconnaître à l'homme d'état le droit de tendre vers ce but.

Cela étant, il serait étrange qu'on trouvât bon que le moraliste et l'homme de la religion eussent un but différent ; car s'il en était ainsi, si ces derniers poursuivaient un but différent et même opposé, si le moraliste et le prêtre se proposaient des résultats contraires à ceux que se propose l'homme d'état, ils seraient vis-à-vis l'un de l'autre dans un état de guerre permanent et universel. Chacun d'eux serait réduit, dans l'intérêt de sa sécurité, et de l'objet qu'il a en vue, de combattre les deux autres avec toutes les armes dont il peut disposer. Le prêtre dénoncerait son antagoniste à la vengeance du tribunal divin ; il imaginerait ou fabriquerait les décrets du ciel, et s'efforcerait de les faire exécuter par ses auditeurs. Le moraliste, s'érigeant en arbitre de la morale ou du sens commun, comme quelques uns affectent de le désigner, fulminerait ses anathèmes ; il infligerait à son ennemi les épithètes d'ignorant, de scélérat, d'hypocrite, d'insensé, et engagerait ses auditeurs à le traiter comme tel. L'homme politique, à son tour, s'il se sentait incommodé par ce feu croisé, serait réduit à se défendre par tous les moyens en son pouvoir. Et en effet , si les choses en venaient là, les deux adversaires ne se trouveraient pas de force à lutter contre l'homme politique ; qu'en adviendrait-il, s'il n'était retenu par ses principes, et par la conscience de leur solidité ? Il adviendrait qu'étendant les bras, il les aurait bientôt saisis et mis à la porte sans cérémonie. Ce n'est pas que nous lui recommandions d'en agir ainsi (quoiqu'en bonne justice ils n'au- raient aucune raison de se plaindre), parce que, autant qu'on peut prévoir l'avenir, il ne sera jamais nécessaire d'en venir à des actes de violence, pour réaliser le but que nous avons en vue dans cet ouvrage. Nous n'appellerons jamais la persécution au secours de notre enseignement moral. Mieux vaudrait mille fois nous réunir à nos antagonistes ; car de toutes les causes qui peuvent entraver la marche de la vérité et détruire ses résultats, il faut placer en première ligne l'infliction de souffrances inutiles. C'est ce que le Déontologiste ne conseillera jamais à l'homme politique ; mais ce qu'on peut lui conseiller en toute sûreté de conscience (et l'emploi de ce moyen suffira amplement et comme châtiment et comme moyen de défense), c'est de laisser les déclamateurs déclamer, et de ne point se soucier de ce qu'ils disent. Qu'il poursuive son but avec persévérance ; qu'il fasse voir qu'il le poursuit ; il peut être assuré que dans un pays libre, et même dans quelque pays que ce soit, où un pareil exemple sera donné, la majorité nationale lui prêtera tôt ou tard son concours, et il trouvera dans le Déontologiste un allié puissant.

La ligne qui sépare le domaine du législateur de celui du Déontologiste est suffisamment distincte et visible. Là où les récompenses et les punitions légales cessent d'intervenir dans les actions humaines, l'à viennent se placer les préceptes moraux et leur influence. Les actes dont le jugement n'est point déféré aux tribunaux de l'État, tombent sous la juridiction du tribunal de l'opinion. Il y a une infinité d'actes qu'il serait inutile de chercher à réprimer par des peines légales, mais qu'on peut et qu'on doit abandonner à une répression extra-officielle. Une grande portion des actes nuisibles à la société échappent nécessairement aux châtiments de la loi pénale ; mais ils n'échappent pas au contrôle et au regard tout autrement vaste et pénétrant de la justice populaire, et celle-là se charge de les punir.

Ainsi les crimes reconnus par le Code Pénal, s'ils échappent à l'action de la loi, soit faute de preuves suffisantes, soit par toute autre cause, peuvent rentrer dans le domaine de la Déontologie. Mais ce n'est pas là le sujet que nous nous proposons de traiter. Il est désirable sans doute d'élargir le champ de la morale et de rétrécir celui de l'action politique. La législation n'a que trop empiété sur un territoire qui ne lui appartient pas. Il ne lui est arrivé que trop souvent d'intervenir dans des actes où son intervention n'a produit que du mal ; et ce qui est pire, elle est intervenue dans les opinions, et spécialement dans les opinions religieuses où son intervention a été on ne peut plus pernicieuse. En un mot, on peut considérer la Déontologie ou morale privée comme la science du bonheur fondé sur des motifs extra-législatifs, tandis que la jurisprudence est la science par laquelle la loi est appliquée à la production du bonheur.

L'objet des désirs et des efforts de tout homme, depuis le commencement de sa vie jusqu'à la fin, est d'accroître son propre bonheur, en tant que formé de plaisir et dégagé de peine.

Mais encore, qu'est-ce que le plaisir ? qu'est-ce que la peine ? Tous les hommes s'en forment-ils la même idée ? Loin de là : le plaisir, c'est ce que le jugement d'un homme, aidé de sa mémoire, lui fait considérer comme tel. Nul homme ne peut reconnaître dans un autre le droit de décider pour lui ce qui est plaisir, et de lui en assigner la quantité requise. De là une conclusion nécessaire, c'est qu'il faut laisser tout homme d'un âge mûr et d'un esprit sain juger et agir en cette matière par lui-même, et qu'il y a folie et impertinence à vouloir diriger sa conduite dans un sens opposé à ce qu'il considère comme son intérêt. Et plus on examinera la chose, plus on se convaincra qu'il en est ainsi.

Que devient alors la tâche du moraliste ? Il peut mettre sous les yeux de celui qui l'interroge un aperçu des probabilités de l'avenir, plus exact et plus complet qu'il ne se serait offert à ses regards au milieu des influences du moment. Le moraliste peut l'aider à faire des réflexions et à tirer des conclusions, à tenir compte du passé sous un point de vue plus large, et à en déduire des calculs ou des conjectures pour l'avenir. Il peut lui indiquer des *fins* qui ne s'étaient pas présentées, et les *moyens* de les accomplir. Il peut le mettre à même de choisir entre les plaisirs et les peines sagement balancés. Il peut lui indiquer les occasions d'obtenir des jouissances ou d'éviter des souffrances. En effet, pour être véritablement utile, il faut qu'il aille à la découverte des conséquences qui doivent résulter d'une action donnée ; il faut qu'il les recueille le mieux qu'il le pourra, et qu'il les présente ensuite à l'usage de ceux qui peuvent être disposés à profiter de ses services. Humble est sa tâche, mais grande est son œuvre ; et c'est dans la prévision du bien qu'il doit produire, que peut seule consister sa récompense.

Ce n'est pas ainsi que les instructeurs publics ont généralement procédé. Ils se sont érigé, dans le domaine de l'action morale, un trône élevé. C'est de là, qu'en monarques absolus et infaillibles, ils ont imposé des lois à l'univers qu'ils s'imaginaient voir à leurs pieds, et qu'ils ont exigé pour leurs commandements et leurs prohibitions, une prompte et péremptoire obéissance. Le monde s'est fréquemment indigné de l'impudence de ses gouvernants politiques. Celui qui, de son chef, se constitue arbitre souverain de la morale ; qui, comme un fou dans sa loge, agite un sceptre imaginaire ; celui-là, dans son impudence, dépasse toute mesure. Un certain sentiment de responsabilité, la crainte d'une réaction , peuvent contrôler le despotisme d'un gouvernant reconnu ; mais quel contrôle opposer à l'égarement et à la présomption de celui qui s'est lui-même attribué la dictature morale ?

Son ton est le ton du pédagogue ou du magistrat. Il est fort et sage, éclairé et vertueux ; ses lecteurs sont faibles et insensés ; sa voix est celle de la puissance ; et, cette puissance, il la doit à la supériorité de sa sagesse.

Si tout cela était sans préjudice pour le public, ce serait la satisfaction d'un orgueil individuel, d'un plaisir individuel ; ce serait donc, en ce sens, autant d'ajouté au bonheur général. Mais le malheur est que l'indolence et l'ignorance sont les résultats naturels de cette usurpation d'autorité. Lors même les préceptes sont fondés sur de bonnes raisons, le développement de ces raisons est une tâche difficile et qui exige de grands efforts ; c'est une tâche à laquelle bien peu se sont montrés compétents. Mais rien de plus facile que de promulguer des préceptes et des lois. Pour cette tâche, tous sont compétents, sages et fous ; seulement les fous sont les plus disposés à l'entreprendre, car l'ignorance n'a pas de manteau plus commode que la présomption.

Le talisman qu'emploient l'arrogance, l'indulence et l'ignorance, se réduit à un mot qui sert à donner à l'imposture un air d'assurance et d'autorité, et que nous aurons plus d'une fois l'occasion de réfuter dans cet ouvrage. Ce mot sacramentel, c'est le mot *devoir*. Quand on a dit : Vous devez faire ceci, vous ne devez pas faire cela ; est-il une question de morale qui ne soit à l'instant décidée ?

Il faut que ce mot soit banni du vocabulaire de la morale.

Heureusement qu'il en est un autre qui, employé à propos, peut servir à ruiner de fond en comble bien des assertions fallacieuses. « Vous devez, vous ne devez pas, dit le dogmatiste. Pourquoi ? répond l'investigateur. Pourquoi ? rien de facile comme de dire : Vous devez ; rien de difficile comme de soutenir l'inquisition pénétrante d'un pourquoi ?

Pourquoi dois-je faire cela ? Parce que vous le devez, a-t-on l'habitude de répondre, et le pourquoi revient à la charge avec une autorité nouvelle, celle que procure un triomphe déjà obtenu.

On peut répondre que ce n'est pas l'indolence et la paresse qui font adopter à l'instructeur cette phraséologie ; car au lieu d'écrire avec tant de déraison, il s'abstiendrait totalement d'écrire s'il n'obéissait qu'à une indolence naturelle.

On oublie qu'il est des motifs plus forts que la paresse ; il peut résulter d'un mode particulier d'argumentation des avantages de plus d'une sorte. En se conformant à l'opinion publique, on obtient la réputation ; avec la réputation viennent la richesse et la puissance. On n'aime pas à se brouiller avec l'opinion publique : s'opposer aux préjugés eu vogue, lutter contre les sentiments établis, ce ne saurait être là la conduite de celui qui désire prendre dans le monde une attitude convenable.

Le jugement du monde est en faveur du rigorisme ; car, dans les entraves imposées à son voisin, chaque homme croit voir une addition à sa propre puissance, une jouissance donnée à son orgueil. Il se prépare facilement à lui-même une exemption qui puisse satisfaire son esprit, et cependant, en s'abandonnant à l'impression rigoureuse d'un blâme sévère, il témoigne qu'il n'est pas complice de l'offense qu'il réprouve avec tant de véhémence ; car qui pourrait mettre un tel zèle à se condamner lui-même ? Il n'a rien à attendre et tout à craindre de l'indulgence ; et avec ce grand mot de devoir sans cesse à la bouche, il va imposant à ses semblables des ordres et des interdictions, des chaînes et des charges qui n'en sont pas moins réelles et douloureuses, parce qu'elles ont leur source dans des métaphores et des fictions.

Il semble qu'en tout ceci il y ait beaucoup de profit et peu de peine : peu d'efforts, peu d'exercice de le pensée ; observation, recherches, réflexion, tout cela est superflu, aussi superflu que pénible. La folie et l'arrogance, la folie la plus aveugle, l'arrogance la plus orgueilleuse, se trouvent à l'aise ensemble. Grâce à ces arbitres du goût moral, les plaisirs sont écartés, les peines sont appelées à les remplacer, ainsi qu'à la voix du médecin de Barataria les mets s'éloignaient de la présence de l'affamé Sancho ; mais, du moins, le médecin de Barataria ne leur avait pas substitué du poison.

Des sacrifices, c'est ce que demandent tous nos moralistes du jour ; le sacrifice, pris en lui-même, est nuisible, et nuisible est l'influence qui rattache la moralité à la souffrance. Ils paraissent ignorer, ces hommes, combien la murale peut être efficace sans avoir rien de pénible ; elle doit réveiller des pensées de contentement et de joie, non de tristesse et de malheur. Il est certain que moindre sera la portion de bonheur sacrifiée, plus grande sera la quantité qui restera ; c'est là la véritable économie du plaisir, c'est la culture de la vertu la plus propre à lui faire produire des fruits.

Le mot Déontologie, ou la science de ce qui est bien ou convenable, a été choisi comme plus propre que tout autre à représenter, dans le domaine de la morale, le principe de l'*utilitairianisme*, ou de l'utilité. Ce mot d'utilitairianisme offre à l'esprit un sens trop vague et trop peu défini ; si ce terme pouvait s'appliquer d'une manière immédiate et directe à la production de la félicité, on pourrait l'employer d'une manière juste et convenable.

Les occasions dans lesquelles le principe déontologique est mis en action sont ou permanentes ou transitoires, ou publiques ou privées. Les occasions publiques sont celles qui existent d'homme à homme, comme membres de la société générale ; la plupart de ces occasions, qu'on peut appeler politiques, n'entrent pas dans le cadre de cet ouvrage. Les relations privées de l'homme sont ou naturelles ou factices : celles qui peuvent être regardées comme provenant de la naissance de l'individu, et celles qui sont accidentelles. On trouvera l'utilité de ces divisions lorsqu'il s'agira de l'application pratique du code moral.

Le mot *utilité*, avec ses dérivés *utile*, *inutile*, *inutilité*, n'a pas été trouvé applicable à tous les cas où le principe lui-même est mis en opération.

En quelques circonstances, il parait trop faible pour exprimer la force obligatoire dont il est désirable qu'il donne l'idée. L'esprit ne se trouvera pas satisfait d'expressions telles que celle-ci : « Il est inutile d'assassiner », ou celle-ci : « Il serait utile d'empêcher l'assassinat. » Il en est de même du crime de l'incendiaire ou de quelques autres grands attentats. De là l'insuffisance de ce mot dans le domaine de la législation.

Les principes de l'ascétisme et du sentimentalisme étant dans un état de rivalité avec le principe de l'utilité, l'emploi de ce terme pourrait, en toute occasion, servir de prétexte pour rejeter des propositions qui, sans cela, eussent été admises ; il présuppose, pour ainsi dire, la vérité de la doctrine de l'utilité.

Dans le mot *convenance*, et ses dérivés *convenable*, *inconvenable*, nous trouvons toutes les conditions requises ; c'est une émanation naturelle de la Déontologie, ou science de ce qui est bien.

On ne saurait rien objecter à ce mot, sous le rapport de la force de l'expression. Il n'est pas de crime, quelque odieux qu'il soit, dont on n'admette qu'il est inconvenable. Il est vrai que le rhétoricien ne trouvera pas ce mot employé d'une manière opportune, et le considérera comme *inconvenant* ; son but étant de passionner les autres, il est de son intérêt de paraître passionné lui-même, tandis que par un terme si modéré, ce n'est pas la passion, mais bien l'absence de passion qui se trouve exprimée. Mais ce ne sera pas là pour le logicien une objection bien formidable ; car c'est un besoin de logique, et non de rhétorique, que le mot doit servir.

Il a aussi l'utilité de l'*impartialité* ; il ne décide par lui-même entre aucun des systèmes, et peut s'appliquer avec une égale convenance au développement de chacun d'eux. Probablement que ni l'ascétique ni le sentimentaliste ne le regarderont comme inconvenant, si ce n'est à cause de sa froideur ; l'un et l'autre admettront certainement que ce qu'ils approuvent est convenable, que ce qu'ils désapprouvent est inconvenable. Dans tous les cas, cette dénomination servira à exprimer les deux caractères d'une action, laissant la liberté d'appliquer à volonté toute qualification additionnelle, soit d'éloge, soit de blâme.

C'est l'énonciation d'un jugement formé, sans aucune intimation des affections dont ce jugement a été accompagné ou des motifs qui l'ont déterminé.

Pour l'utilitaire, il aura l'avantage d'embrasser tout le domaine de l'action, et d'exprimer le sentiment d'approbation ou de désapprobation, à quelque partie du domaine du devoir que l'action appartienne.

Chapitre III
Réfutation des propositions
anti-déontologiques. –
Souverain bien.

Avant d'élever l'édifice de la vérité morale, il importe de déblayer le sol d'un vaste amas de débris qui entravent les progrès de l'architecte moral. Des motifs différents de ceux que l'utilité reconnaît, des fins hostiles à celles qu'elle propose, ont été et sont encore la base des travaux des moralistes qui, de leur chef, se sont constitués tels. Quand on se sera débarrassé de ces obstacles, la voie du Déontologiste sera aplanie ; jusque-là, ces obstructions l'entraveront nécessairement dans sa marche.

Le but du déontologue, on ne saurait trop souvent le répéter, c'est le bonheur. Les anciens philosophes ont proposé quelque chose qui n'est pas le bonheur, quelque chose de différent du bonheur et qui lui est contradictoire. C'est le souverain bien.

Pour tout ce qui concerne la théorie du souverain bien, nous ne pouvons mieux faire que de consulter le *Compendium* d'Oxford, ouvrage qui a si longtemps servi d'autorité et de texte à la célèbre université de ce nom. C'est l'arsenal où la doctrine aristotélicienne semble avoir réuni toutes ses armes. C'est là que nous essayerons d'abord d'attaquer l'ennemi.

En quoi consiste le souverain bien ? Cette question a été débattue par une foule de raisonnements, débattue, de génération en génération, par des hommes qui s'étaient attribué la dictature du bien et du mal.

En quoi consiste donc le souverain bien ? Quel est-il ? C'est la pierre philosophale qui convertit en or tous les métaux ; c'est le baume d'Hygée qui guérit tous les maux ; c'est ceci, c'est cela ; c'est autre chose encore ; c'est tout, hormis le plaisir ; c'est le gâteau aux pommes de l'Irlandais, qui, bien que fait avec des coings, n'en est pas moins appelé gâteau aux pommes.

Si c'était quelque chose, que serait-ce ? Que pourrait-ce être, sinon le plaisir ; du plaisir, ou une cause de plaisir, plaisir sans mélange de peine, bonheur maximisé. Qui jamais a été assez insensé pour ne pas savoir que nul, en aucun temps, n'a fait une telle trouvaille ?

Dans toutes les voies de la discipline, l'erreur est comme une sorte de vestibule par lequel les hommes sont condamnés à passer, avant d'arriver jusqu'à la vérité.

Tandis que Xénophon écrivait l'histoire, et qu'Euclide créait la géométrie, Socrate et Platon débitaient des absurdités, sous prétexte d'enseigner la sagesse et la morale. Leur morale, à eux, consistait en paroles ; leur sagesse, dans la négation des choses connues à l'expérience de chacun, et dans l'affirmation d'autres choses en contradiction avec l'expérience de chacun ; et ils étaient inférieurs au niveau des autres hommes, précisément en proportion que leurs idées différaient de celles de la masse du genre humain.

La foule, qui ne prenait aucun plaisir au débit de telles absurdités, se contentait, guidée par le sens commun, de jouir des plaisirs communs à tous. On la qualifiait de troupeau ignorant et vulgaire, et, cependant, ces ignorants-là accumulaient sur leur existence une somme de bien-être, et la plupart arrivaient de temps à autre à se procurer une certaine portion de bonheur. Le bien-être formait leur ordinaire. Le bonheur, ils en savouraient quelques gouttes, rares, et seulement aux beaux jours. C'en était assez pour le vulgaire ignorant, non pas pour les sages éclairés, hommes qui, de quelque nom qu'ils qualifiassent leur sagesse, étaient appelés par les autres *les plus sages des hommes* (σοφισται), *hommes sages* (σοψοι), ou *amis de la sagesse* (φιλοσοφοι). Ceux-là marchaient la tête haute, et de leurs lèvres le sophisme coulait à longs flots.

Au profane vulgaire ils abandonnaient la jouissance de tous les plaisirs qui se rencontraient sous sa main. Pour leurs disciples, ils tenaient une chose en réserve, une chose admirable, qu'ils appelaient το αγαθον, *summum bonum*, le souverain bien. Qu'était-ce ? Était-ce le plaisir ? Oh ! non. Le plaisir n'était pas assez bon pour eux ; c'était quelque chose de meilleur que le plaisir, et, pour qu'il fût meilleur, il fallait bien qu'il en différât.

Or, si leurs actes avaient été conformes à leurs prédications, on pourrait se borner à dire qu'ils ressemblaient au chien de la fable, lâchant sa proie pour l'ombre ; mais ils n'étaient pas assez fous pour cela. Le plaisir était bon à une fin, le souverain bien à une autre ; le plaisir servait aux jouissances, le souverain bien aux déclamations. Tandis qu'ils prêchaient tous le souverain bien, chacun, en son particulier, se livrait aux jouissances grossières des sens. Ils avaient leurs mignons sans nombre, quelques-uns dont nous connaissons les noms, d'autres qu'aucune histoire n'a canonisés. [1]

Il est aussi amusant de contempler les contestations des hommes appelés sages, qu'il est instructif d'en rechercher les résultats. Tandis que dans des temps plus rapprochés, une troupe de médecins philosophes étaient à la recherche de la panacée universelle, les moralistes philosophes couraient après le souverain bien ; objets excellents tous deux : on convenait que tous deux existaient, qu'ou pouvait les trouver, mais où les trouver, c'est sur quoi on ne s'accordait pas.

L'idée du bon, disait l'un, c'est là qu'il doit être. C'est là qu'on trouvera le souverain bien. Obtenez l'idée du bon, et vous tiendrez le souverain bien. Et maintenant que vous le tenez, en êtes-vous un brin plus heureux ? Avec votre souverain bien, êtes-vous plus

---

1 Justiciables qu'étaient les philosophes de l'opinion publique, ils n'étaient pas assez sots pour se laisser gouverner, comme faisait Jacques Iᵉʳ, par ceux qui fournissaient à leurs plaisirs. Socrate lui-même, Socrate, le plus prudent de tous, dans une confidence des plus extraordinaires, avoue lui-même le caractère indomptable de la passion qui le dominait.

Jeremy Bentham

heureux que le plus heureux des hommes qui ne le possède pas ? Mais quand vous l'aurez, qu'en ferez-vous ? Ne vous embarrassez pas de cette question ; il sera temps de la résoudre quand vous serez arrivé à l'avoir.

C'est sous ce point de vue que la matière a été envisagée par deux sectes de philosophes : les platoniciens et les académiciens ; les platoniciens, en y comprenant comme de raison le maître manufacturier de non-sens, auquel ses sectateurs ont emprunté et leurs doctrines absurdes et leur nom.

Le non-sens ressemble à l'anguille ; quand vous croyez le tenir ferme, il échappe à vos doigts, et un autre non-sens vient le remplacer. C'est ainsi qu'après nous avoir donné le souverain bien de ces philosophes, et l'idée du bon, comme si tout cela n'était pas assez inintelligible, on nous donne dans la même période, dans la même phrase, et jusques dans les mots suivants, la matière complexe, avec un *sive - Sive visione et fruitione Dei* ; c'est-à-dire, la vision et la fruition, la vue et la jouissance de Dieu.

Ce sont deux choses, deux choses distinctes, et ces choses distinctes sont synonymes de l'idée du bon, de la vue de Dieu, la jouissance de Dieu. Ce ne peut être le Dieu du christianisme, le Dieu de la Bible ; car, on ne peut le voir, il est invisible. Qu'entend-on par le dieu des platoniciens et des académiciens ? Duquel de leurs dieux, car ils étaient païens et avaient des dieux par centaines, ont-ils jamais joui ? Et comment en ont-ils joui ?

Mais nous sommes encore en pleine mer ; et une autre secte s'écrie : « l'habitude de la vertu. » L'habitude de la vertu est le souverain bien. C'est le joyau lui-même, ou c'est l'écrin dans lequel on le trouvera. Restez toute votre vie au lit, avec le rhumatisme dans les reins, la pierre dans la vessie, et la goutte aux deux pieds. Il suffit que vous ayez l'habitude de la vertu, et le souverain bien est à vous. Grand bien vous fasse. Il est clair que vous ne trouverez aucun obstacle dans votre condition. Nul doute que la vertu négative ne soit vertu. Il ne vous sera pas facile de tomber dans la pratique du vice ; et le siège de votre souverain bien, s'il est quelque part, sera dans votre tête. Or, je vous le demande, seriez-vous bien aise d'avoir la pierre dans la vessie, le rhumatisme aux reins, et la goutte aux pieds, même avec la certitude d'avoir la tête bien rembourrée de souverain bien ?

De peur de vous méprendre sur le sens de ce non-sens, voyez le professeur d'Oxford, ayant au bout des doigts une observation de la même force : « car, dit-il, la raison démontre qu'une habitude pure et simple n'est d'aucune valeur, n'a pas la moindre valeur, à moins d'être rapportée à l'*observation*, et produite en action et en exercice, » Une habitude sans action ! Une habitude qui existe et qui ne se manifeste par aucun acte ! Une habitude formée, et en dehors des actes, ce qui fait que l'habitude n'équivaut pas même à l'accomplissement d'un seul acte ! Et cette connaissance inestimable, on vous la communique charitablement, afin que vous n'alliez pas, dans votre erreur, vous aviser de commettre la faute énorme de persévérer dans l'habitude de la vertu, sans avoir jamais accompli un seul acte de vertu !

Mais il est assez inutile de savoir où le souverain bien n'est pas, si nous n'apprenons en même temps où il est. Enfin, nous avons la vertu ; la vertu elle-même, c'est là qu'est ce souverain bien.

Ponendum est igitur summum hominis bonum in ipsa virtute. Quoi ! dans l'habitude de la vertu ? Oh ! non sans doute, ce n'est pas là. C'est là l'erreur contre laquelle vous venez d'être prémuni. Ayez la vertu ; ne vous embarrassez pas d'en avoir l'habitude. Vous pouvez l'avoir, si vous voulez ; vous n'y trouverez aucun souverain bien.

Ponendum est igitur summum hominis bonum in ipsa virtute. Il ne peut rien être de plus positif, de plus concluant ; sur quoi, et à la suite de ce non-sens si concis, arrive un torrent de non-sens diffus qui défait tout ce qui venait d'être fait.

« Et c'est pourquoi, continue le professeur, l'essence de la félicité humaine consiste à agir en conformité avec la meilleure et la plus parfaite vertu. » Cependant le complément et la perfection de l'humaine félicité présuppose certains avantages du corps et de la fortune ; et il faut y joindre cette sérénité d'âme qui naît (quoique, à ce qu'il semble, d'une manière assez occulte), qui naît, *subnascitur*, de la conscience d'avoir bien fait.

Et cette félicité, du moins on nous l'assure, est un bien solide et qui ne peut se perdre facilement. Avec cette assurance, vous avez les motifs et les raisons sur lesquelles elle est basée. « Car, dit-il, la vertu qui lui sert de base (le souverain bien étant lui-même la vertu) ne peut nous être enlevée malgré nous, et sa perte ne suit pas immédiatement la perte des avantages du corps et de la fortune. En un mot, par la perte des avantages extérieure, l'essence de la félicité ne nous est point ravie ; elle est seulement diminuée, et son intégrité mutilée.

Mais il y avait une autre classe de philosophes, vrais pourceaux qui ne voyaient pas les visions et ne partageaient pas les jouissances des platoniciens et des académiciens avec leur divinité ou leurs divinités ; et qui, avec les stoïciens, ne venaient pas échouer sur leurs habitudes de vertu : c'étaient les sensuels disciples d'Épicure. Le souverain bien étant le but proposé, où le cherchèrent-ils ? qui l'eût cru ? Tout pourceaux qu'ils étaient, ils le cherchèrent dans le plaisir : ainsi le dit le professeur. Oui, dans le plaisir, et dans le plaisir corporel encore ! Cependant il y a évidemment erreur là-dedans. Que le plaisir fût pour eux le plaisir, c'est assez probable ; mais que, dans leur énumération des plaisirs, ils aient omis de faire entrer les plaisirs non corporels, c'est ce qui, *à priori*, est improbable, et ce qui, en fait, est faux.

Il est des plaisirs qui ont leur siège dans le corps, d'autres dans l'esprit. Qui n'ignore un fait aussi évident ? qui ne l'a éprouvé ? Ces philosophes pouvaient-ils ignorer ce que tout le monde sait ?

Mais après avoir mentionné les plaisirs du corps, le professeur nous dit que, dans tous les cas, ce n'est pas là qu'est le souverain bien ; et pourquoi ?

Parce que la partie du corps humain à laquelle ils appartiennent est la partie ignoble ; secondement, parce qu'ils ne durent pas, qu'ils sont courts ; et troisièmement, parce que de temps à autre, lorsqu'ils sont passés, ils laissent des souvenirs désagréables, et qui nous font rougir.

Ils sont ignobles. La vie de A. est remplie par les plaisirs, tous ignobles, tous vifs, et sans alliage de peines. Dans la vie de B. les plaisirs sont de la noble espèce, mais tous entremêlés de peines par lesquelles ils sont plus que contrebalancés. Laquelle de ces deux destinées choisirait un homme de bon sens ?

Cette partie du corps qu'on appelle ignoble, quelle qu'elle soit, et de quelque nom qu'on la désigne, nous doit-elle être moins chère, et nous est-elle, après tout, moins utile et moins nécessaire que les autres ?

Tout ignoble qu'elle puisse être, l'auteur du *Compendium* ne voudrait assurément pas, et pour beaucoup, en être privé. Le mot ignoble ainsi appliqué ne signifie pas ce qu'on veut lui faire signifier, et n'a d'ignoble que le son ; n'importe, admettons la signification que vous voulez lui donner. Voilà un homme dont la vie abonde en plaisirs, plaisirs ignobles, plaisirs purs, c'est-à-dire, sans alliage de peines. La vie de cet autre a des plaisirs aussi, des plaisirs nobles ; mais chaque plaisir est faible, et plus que contrebalancé par des peines. Dis-nous, philosophe, lequel de ces deux hommes tu voudrais être ?

Hélas ! hélas ! erreur que tout cela. Ce n'est pas un organe particulier, c'est le corps, le corps tout entier qui est ignoble. L'organe peut être subordonné au plaisir ; mais le plaisir lui-même est subordonné au corps. Très bien, nous accordons que le mot ignoble signifie quelque chose, quoique par le fait il ne signifie rien, et que le corps soit aussi ignoble que le cœur peut le souhaiter ; qu'en conclure ? Que le plaisir soit ce qu'on voudra, son siège n'est-il pas dans l'âme ? Quelqu'un a-t-il vu un corps goûter le plaisir quand l'âme s'en était séparée ?

Et puis, la durée des plaisirs corporels est courte, dit-on. Fort bien. Et après ? Prenez chacun d'eux séparément, c'est peu de chose. Eh bien, qu'allez-vous en conclure ? Tirez de votre poche une pièce d'or, changez-la contre des francs et des centimes. Qui vaut le plus, de la pièce d'or ou de la monnaie ? Qui pèse le plus, d'une livre de plomb ou d'une livre de plume ? Quand vous aurez répondu à ces questions, on vous dira, si vous voulez, si dans l'objection relative à la durée il y a autre chose que des mots.

On dit encore : le souvenir des plaisirs corporels est désagréable et nous fait rougir. Que le souvenir des plaisirs goûtés illégitimement soit désagréable si l'on veut, cela ôte-t-il de leur prix aux plaisirs légitimes ? Que ceux-là qui ont été achetés avec une balance de peines nous rendent honteux, il ne sera pas nécessaire de rougir de ceux qui ont laissé une balance de plaisir.

Tous ces poursuivants du souverain bien ont leurs noms respectifs. Il en est trois espèces néanmoins qui n'ont point de noms. Les uns et les autres sont dans l'erreur. En vérité, tous sont dans l'erreur, si le professeur d'Oxford a raison ; ils sont grandement dans l'erreur, même en obtenant ce qu'ils désirent, s'ils vont supposer qu'ils ont obtenu le souverain bien ; et si ayant obtenu la possession de ce qu'ils estiment, ils vont l'estimer à sa valeur.

Vient d'abord le vulgaire ou la foule. Ceux-là placent le souverain bien dans les richesses, les richesses en grande quantité. Ils sont tous dans l'erreur, si grand que soit leur nombre, et par une bonne raison ; car ces richesses, dont le vulgaire est si épris, ne sont que de peu de valeur, quelle qu'en soit la quantité. En premier lieu, leur possession est glissante et instable ; ensuite, ce n'est pas pour elles-mêmes qu'on les aime, mais pour d'autres choses contre lesquelles on les échange ; et en troisième lieu, à qui appartiennent elles ? « Non au propriétaire, mais à la fortune. »

Leur possession est glissante et instable, c'est à-dire, en d'autres termes, et pour parler sans rhétorique, qu'on est exposé à les perdre. Mais la question est de savoir ce qu'elles valent, non pour celui qui ne les a pas, mais pour celui qui les a. Et, comme l'a fort bien observé Adam Smith, en France ou en Angleterre, pour un homme qui a perdu ce qu'il avait, vous en avez mille autres qui non seulement l'ont conservé, mais encore l'ont augmenté. Mais ces aveugles voyageurs sur la route des lieux communs, sont peu soucieux de l'histoire de l'homme, peu soucieux des changements que le temps a amenés dans la valeur et la sécurité des richesses. Le même trésor qui, dans les anciens jours, comportait justement des idées d'incertitude et de mutabilité, peut aujourd'hui représenter à nos yeux la possession dans son *maximum* de sécurité. Au cœur de la Grèce, à Athènes où Aristote écrivait, une terre était achetée au prix de deux années de produit ; elle vaut en Angleterre trente fois son revenu annuel.

La richesse n'est pas désirée pour elle-même, mais seulement parce qu'on peut l'échanger contre d'autres objets de nos désirs. Si par son moyen, et avec elle, un homme se procure ce qu'il désire, en quoi est-elle moins précieuse ? Si un homme obtient l'objet de ses désirs, que lui faut-il de plus ? Et s'il n'a pas le souverain bien lui-même, n'a-t-il pas quelque chose d'aussi bon que pourrait l'être le souverain bien ?

Mais le pis est qu'elle ne nous appartient pas, mais qu'elle est soumise aux caprices de la fortune. *Non in nostra potestate, sed in fortunæ temeritate.* Dans cette brillante réunion de la rhétorique et de la poésie réside toute la force de l'argument ; force qui, pour le dire en passant, si vous la transvasez du latin en français, aussitôt s'évapore. Et que reste-t-il ? Il reste ce qu'on nous a déjà dit, savoir, que la richesse est chose glissante, qu'elle échappe des mains qui la tiennent, qu'elle peut échapper des nôtres. Il semble que pour la rareté de telles nouvelles, il suffisait de les dire une fois.

Il y a peut-être quelque chose encore. Oui, nous apprenons que la Fortune est une femme, et que cette femme est capricieuse. Ceci est bon pour la rhétorique ; mais c'est ici un livre de morale philosophique. Bon pour la rhétorique ? Non, pas même bon à cet usage ; car là où il n'y a pas de but proposé, il ne saurait y avoir de caprice.

Ensuite viennent les politiques et les esclaves de l'ambition ; ces hommes ne trouvent rien de mieux que de placer leur souverain bien dans l'honneur et dans le pouvoir, dans l'un ou dans l'autre.

Ce raisonnement, si raisonnement cela peut s'appeler, est assez semblable à celui qui précède. Les mots seuls ont un peu changé ; car il fallait dire quelque chose de nouveau, et l'insignifiance, comme toute autre chose, sait varier ses formes. Les richesses étaient choses glissantes et instables ; l'honneur et le pouvoir sont incertains, périssables, subordonnés à la fausse faveur et au souffle populaire. C'est Horace qui l'a dit ; écoutez Horace ; *Admodun incerta et caduca utpote quæ ex arbitrio popularia auræ, aut simulato hominum favore plerumque pendent.*

Quand notre moraliste avait à parler de la richesse, il nous disait qu'on la recherchait non pour elle-même, mais pour se procurer d'autres choses. Mais ni dans l'honneur, ni même dans le pouvoir, il n'y a de dignité intrinsèque, quoi que ceux qui les ambitionnent puissent prétendre ; ou s'ils ont une dignité intrinsèque, elle n'est pas de nature à être désirée ni louée.

Quant à l'épithète de périssable, on a répondu à cette objection quand on a réfuté le reproche d'instabilité. Mais cette objection a-t-elle un sens ? si elle en a un, ce n'est pas le professeur d'Oxford qui l'a trouvé.

Jeremy Bentham

Honore ? Que signifie *honore* ? honneur ou honneurs ? bonne réputation ou dignité politique et factice ? car, dans notre langue, entre le singulier et le pluriel de ce mot la distinction est grande.

Réputation, bonne renommée, est-ce cela ? Nul doute qu'accidentellement la bonne renommée ne puisse tomber en partage à l'homme déméritant, et la mauvaise à l'homme méritant. Mais si ce funeste état de choses est possible, si on en est quelquefois témoin, il est rare qu'il dure longtemps ; cet argument , fût-il même plus vrai, sied mal à un moraliste. C'est un étrange moyen d'améliorer la moralité des hommes que de déprécier la puissance de la sanction morale ; jeter son poids dans la balance de la fausse opinion, et employer ensuite cette fausse opinion comme un instrument à ses desseins, c'est un triste spectacle que donne là le moraliste. Que d'autres ravalent et rejettent la sanction morale, ce n'est pas à lui de le faire ; la rabaisser, c'est rabaisser ses propres travaux : ce serait ressembler à un marchand qui déprécierait injustement sa marchandise.

Veut-on parler des *honneurs*, en donnant à ce mot sa signification plurielle, de la réputation factice enfin ? Là, comme pour les richesses, plus il y a d'inconvénient à les perdre, plus il y a d'avantage à les conserver ; la continuation de leur jouissance doit être mise en contraste avec la cessation de leur possession. C'est à les garder, et non à les perdre, que mettra son souverain bien quiconque l'aura placé là. L'ordinaire des choses est de les conserver, de les accroître ; les perdre n'est qu'accidentel.

Mais qu'il s'agisse d'honneur ou de pouvoir, qu'entend-on en les qualifiant de faux et de simulés ? La faveur qui a élevé un homme en honneur ou en dignité, pourquoi la qualifierait-on de fausse ? Et si l'homme ainsi favorisé, au lieu d'un titre dégradant, en avait un relevé de tous les ornements que peut créer la plus magnifique phraséologie, en quoi cet homme vaudrait-il plus ou moins ? Serait-il mieux ou pire ?

Enfin, viennent des hommes auxquels le professeur d'Oxford donne le nom de théoriciens ; ces hommes voient le souverain bien dans la contemplation, dans la contemplation seule.

La contemplation ? Pour atteindre à l'apogée de la félicité humaine, un homme n'a autre chose à faire qu'à contempler. Qui ne voudrait, à ce prix, être un théoricien ? *Crede quod habes, et habes* : Croyez que vous avez une chose, et elle est à vous ; et si jamais il y eut un exemple de la vérité de cette maxime, le voici ; car, entre être heureux et s'imaginer l'être, tant que dure l'illusion, où et quelle est la différence ?

On peut certainement dire de ces hommes, et avec non moins de raison, ce que Cicéron disait d'une autre secte ; *Istos viros sine contumetia dimittimus ; sunt enim boni viri, et quandoquidem ita sibi ipsis videtur, beati* : Ce sont de braves gens qui, croyant être heureux, le sont par cela même.

Notre moraliste n'est pas de cet avis : ils auront beau s'estimer heureux, ils sont dans l'erreur; il va leur démontrer pourquoi.

Pourquoi donc ? Nous sommes nés pour agir, dit-il, et afin de le prouver, il appelle en témoignage l'organisation de notre nature ; sur quoi il observe que si, dans nos actions, aucun acte, l'accomplissement d'aucune fonction (d'aucun devoir) n'a lieu, alors les plus hautes connaissances dans les arts ou les sciences seront, jusqu'à un certain point, défectueuses, et de peu d'utilité au genre humain. C'est là une manière dégagée d'aborder une question de fait ; si écrire c'est agir (*scribere est agere*), il donnait une meilleure preuve en rédigeant sa philosophie. Il n'y a ici que deux objections à faire : la première, c'est que tout cela ne signifie rien ; la seconde, c'est que, cela signifiât-il quelque chose, cela ne fait rien à la question.

Voilà le théoricien enveloppé dans les contemplations, pensant à toute autre chose ou même ne pensant à rien, et s'imaginant être heureux, assez heureux pour avoir trouvé le souverain bien. Que notre philosophe vienne alors, avec sa théorie sur l'organisation de notre nature, essayer de battre en brèche la félicité du théoricien; celui-ci en croira-t-il ses sens qui lui disent qu'il a le souverain bien, ou le philosophe qui lui affirme le contraire ?

Enfin, qu'il rejette bien loin de lui les platoniciens, les académiciens et les stoïques ; que ceux-là soient dans l'erreur autant qu'il lui plaira ; mais, pour le reste, il n'en est aucun d'aussi complètement dans l'erreur que lui-même. Chacun d'eux, qu'il ait ou n'ait pas trouvé le souverain bien, a du moins trouvé quelque bien ; mais notre philosophe n'a pas trouvé un seul atome de bien là où il l'a cherché. Comment l'y aurait-il trouvé ? Ce n'était pas là qu'il était. Les autres ont pu être dans l'erreur ; mais ils ne se sont pas contredits ; ils n'ont pas détruit dans une phrase ce qu'ils venaient d'établir dans la phrase précédente.

Son souverain bien, tout souverain bien quel qu'il soit, n'aboutit à rien sans une portion de ces autres choses qu'il affecte de fouler aux pieds et sur lesquelles il déverse ses mépris. Mais dans quelle proportion ? Il ne prétend pas le savoir. La dose doit être modérée ; c'est tout ce qu'il en peut dire. Avec tout autre souverain bien que le sien, vous avez quelque chose dans tous les cas ; avec le sien vous n'avez qu'un sophisme, chose peu substantielle.

On peut dire, après tout, que, quelque mauvaise que fût la logique de tous ces philosophes, leur morale était bonne ; que, quelle qu'ait pu être la cause, l'effet du moins était bon, et que peu importe que la cause soit mauvaise quand l'effet est bon. Si vous aviez à choisir pour votre ami entre deux hommes, dont l'un raisonnerait bien et agirait mal à votre égard, dont l'autre raisonnerait mal, mais agirait bien, hésiteriez-vous dans votre choix ? Certainement que non. Mais, des sages de l'antiquité, beaucoup de leur logique est venue jusqu'à nous, peu de leurs actions. Raisonnant comme ils le faisaient, leur conduite peut avoir été bonne ou mauvaise ; rien n'est plus commun parmi les hommes que d'avoir deux théories, l'une pour la montre, l'autre pour l'usage. Néanmoins, si la mauvaise logique est funeste quelque part, c'est surtout dans le domaine de la morale. Des doctrines semblables à celles que nous avons passées en revue n'ont pu être adoptées qu'aux dépens de l'intelligence ; et il faut que l'intelligence soit tombée bien bas, que sa force ait été bien affaiblie, pour accepter le joug de pareilles balivernes.

Mais ce sont des armes précieuses aux mains de ceux qui substituent leur pensée à la pensée publique, afin de s'en servir auprès d'hommes à qui les précédents tiennent lieu de raisonnement ; qui, ignorant ou se souciant peu de savoir ce qu'il conviendrait de faire pour l'avenir, ne veulent entendre parler que de ce qui a été fait dans le passé.

En même temps, il est permis de soupçonner dans tout ceci la bonne foi des logiciens. Celui qui perd de vue la morale seule vraie et seule utile, celle qui laisse pour résultat un excédant de plaisir ; celui qui semble plus désireux de conduire à bien une conversation que de trouver aux actions une règle ; en un mot, celui qui en toute occasion met en avant ce sophisme insensé et funeste, que ce qui est bon en théorie est mauvais dans la pratique, celui-là n'a réellement aucun droit à cette attention qui suppose le respect. Quand, par philosophie, on entend du bavardage et de vaines parades, ses absurdités peuvent servir de décorations ; mais si la morale est bonne, si le bonheur est bon, il n'est pas de non-sens qui réussissent à les rendre mauvais. La sanction morale, comprise et développée, les abritera sous son aile, et l'intérêt général donnera une efficacité de plus en plus grande à la vérité et à la raison, ces alliées puissantes à l'aide desquelles il établira un jour sa souveraineté.

Chapitre IV
Plaisir et peine. - leur relation
avec le bien et le mal.

Tout plaisir est, *prima facie*, un bien, et doit être recherché ; de même toute peine est un mal, et doit être évitée. Quand, après avoir goûté un plaisir, on le recherche, cela seul est une preuve de sa bonté.

Tout acte qui procure du plaisir est bon, toutes conséquences à part.

Tout acte qui procure du plaisir sans aucun résultat pénible est un bénéfice net pour le bonheur ; tout acte dont les résultats de peine sont moindres que ses résultats de plaisir, est bon jusqu'à concurrence de l'excédant en faveur du bonheur.

Chacun est non seulement le meilleur, mais encore le seul juge compétent de ce qui lui est peine ou plaisir.

C'est pure présomption et folie que de dire : « Si je fais cela, je n'aurai aucune balance de plaisir ; donc, si vous le faites, vous n'aurez aucune balance de plaisir. »

C'est une absurdité que de dire : « Si je fais cela, je n'aurai aucun excédant de plaisir ; mais si vous le faites, vous pouvez avoir un excédant de plaisir, et cependant il n'est pas convenable que vous le fassiez. » Et si j'inflige une somme quelconque de mal, sous quelque forme que ce soit, pour empêcher le nul, il y a injustice et dommage ; et si, pour empêcher l'acte en question, j'en appelle à la puissance gouvernementale, il y a tyrannie.

En faisant abstraction de toutes conséquences de futurs contingents, la longue continuation, par un individu, de l'exercice libre et habituel d'un acte, est une preuve que cet acte est, pour lui, productif d'un excédant de bien pur, et doit par conséquent être recherché. Par libre exercice d'un acte, nous entendons un acte qui n'est pas de nature à être l'objet de récompenses et de punitions provenant d'une source étrangère.

Pour justifier l'affirmation qu'un acte donné est mauvais, il faut que l'affirmateur puisse prouver non seulement qu'il en résultera du mal, mais encore que la somme du mal qu'il produira sera supérieure à la somme du bien.

Si par une fausse représentation des conséquences, ou un raisonnement erroné, et plus encore par la crainte d'un châtiment physique, moral, politique ou religieux, on interdit à un homme la jouissance d'un plaisir, on lui inflige un dommage dont la somme est égale à l'excédant de plaisir dont on l'a privé.

La somme de culpabilité attachée à ce dommage sera proportionnée à l'état de l'esprit du coupable par rapport aux conséquences de son acte. L'absence de mauvaise intention diminuera le délit sans diminuer le dommage. Le délit est maximisé quand la mauvaise intention est maximisée dans le cœur du délinquant.

La somme de dommage causée par la prohibition d'un plaisir dont on aurait pu jouir, est égale à l'infliction d'une somme égale de peine qu'on aurait pu éviter.

La législation pénale couvre de sa protection la propriété, par le seul motif que la propriété est un instrument servant à obtenir le plaisir et à écarter la peine. La législation est inutile partout ailleurs que dans ses rapports avec les plaisirs et les peines.

Si par les raisonnements erronés d'un homme, un autre homme est privé de plaisir, ce n'est pas un motif suffisant pour punir le raisonneur erroné, car un bon raisonnement est le meilleur moyen à opposer à un mauvais ; et ce n'est pas par des châtiments, ou par la crainte des châtiments, qu'on réussit le mieux à prouver et à dévoiler l'erreur. Plus une opinion sera erronée, plus on aura recours aux châtiments pour la soutenir ; et il n'y a rien qui prouve d'une manière plus concluante l'erreur d'une opinion, comme de lui voir employer ou chercher à employer les châtiments pour ses auxiliaires.

Celui qui, dans le but d'obtenir pour lui-même la richesse, la réputation ou le pouvoir, cherche à interdire aux autres les actes qui leur laissent un excédant de jouissances, ressemble à un homme qui, placé à un étage supérieur, d'une main empilerait des pièces d'or, et de l'autre jetterait des ordures sur la tête des passants. Et celui qui, en matière de morale, parle à tort et à travers, et sans raisons valables, de ce qu'on doit et de ce qu'on ne doit pas, peut être comparé avec raison à la domestique étourdie qui, de la fenêtre d'un second étage, déchargerait un sceau d'eau dans la rue sans s'enquérir de ceux qui passent au même moment.

La valeur des peines et des plaisirs peut être estimée par leur intensité, leur durée, leur certitude, leur proximité et leur étendue. Leur intensité, leur durée, leur proximité et leur certitude regardent les individus. Leur étendue concerne le nombre des personnes placées sous leur influence. Ce que certaines de ces qualités ont en plus, peut contre-balancer ce que certaines autres ont en moins.

Un plaisir ou une peine peut être productif ou stérile. Un plaisir peut être productif de plaisirs ou de peines, ou de tous deux ; par contre, une peine peut être productive de plaisirs, de peines, ou de tous deux. La tâche de la Déontologie consiste à les peser et à tracer, d'après le résultat, la ligne de conduite qu'il faut suivre.

L'estimation de la peine et du plaisir doit donc être faite par celui qui jouit ou qui souffre. Il n'est pas jusqu'à la multitude imprévoyante et irréfléchie qui n'aime mieux s'en rapporter à son expérience et à ses propres observations, que d'en croire la parole de gens inconnus.

En conséquence, le seul moyen de tirer parti de cette manière, de l'idée de peine, est de la fixer sur quelque genre spécial de maux. Et c'est ainsi que les prédicateurs dont les discours abondent en images animées et en portraits frappans des peines de l'enfer, exercent sur la multitude une influence bien plus considérable que les prédicateurs plus éclairés. L'ecclésiastique que des études et des recherches critiques ont convaincu que le langage des Écritures est métaphorique, en ce qui concerne le caractère spécial des peines qui seront un jour infligées aux méchants, emploie nécessairement, s'il agit conformément à ses convictions, un instrument de terreur bien moins efficace que celui qui ne craint pas de présenter le tableau de souffrances matérielles, et d'étaler aux regards de ses auditeurs le feu inextinguible, le soufre brûlant, les vers dévorants, et toutes ces images qui frappent énergiquement les sens.

Il n'est pas jusqu'aux plaisirs dont les traditions religieuses les plus populaires embellissent la demeure des bienheureux, qui ne soient assimilés aux plaisirs de l'amour. Ces plaisirs, bien que les prédicateurs, dans leurs descriptions, les séparent de leur base terrestre, ne laissent pas, à la faveur d'une certaine confusion de termes et d'idées, de tirer, secrètement et imperceptiblement, une grande partie de leur force de la région des sens. Pour se figurer les transports célestes, ils appellent au secours de leur imagination, le souvenir des transports qu'ils ont éprouvés sur la terre ; lesquels, bien qu'éloignés en apparence des passions sexuelles, n'auraient pu exister, cependant, sans ces passions. En voici une preuve : c'est que le mot amitié, qui présente à l'esprit l'idée d'une affection entièrement séparée de la base des sens, ne se trouve pas parmi les expressions qui ont été adoptées comme propres à créer ces vives impressions que leur objet est de produire.

Dans l'analyse des plaisirs et des peines, ou plutôt dans la séparation des plaisirs et des peines en leurs différentes classes ou espèces, il peut être nécessaire de revenir sur ce qui a déjà été dit à cet égard dans « l'Introduction aux principes de la morale et de la législation » (chapitre V).

Les premiers qui se présentent sur cette liste, sont les plaisirs et les peines des sens, comprenant ceux du goût, de l'odorat, du toucher, de l'ouïe, de la vue ; ceux provenant de l'organisation sexuelle, de l'état de santé ou de maladie ; les plaisirs de la nouveauté, et les peines de l'ennui;

Secondement, les plaisirs de la richesse, plaisirs soit d'acquisition, soit de possession, dont les peines correspondantes constituent des peines de privation et se réfèrent à une antre classe ;

Troisièmement, les plaisirs de la capacité et les peines de l'incapacité ;

Quatrièmement, les plaisirs de l'amitié [1] et les peines de l'inimitié ;

Cinquièmement, les plaisirs qui naissent d'une bonne réputation et les peines résultant d'une mauvaise renommée ;

Sixièmement, les plaisirs que procure l'exercice du pouvoir ;

Septièmement, les plaisirs de la piété, ou les plaisirs religieux, avec leurs peines correspondantes ; plaisirs provenant de la conviction où nous sommes de posséder la faveur de la divinité ; peines résultant de la crainte où nous sommes de la réprobation ;

Huitièmement, les plaisirs et les peines de la sympathie ou de la bienveillance ;

Neuvièmement, ceux de la malveillance ;

Dixièmement, ceux de la mémoire ;

Onzièmement, ceux de l'imagination ;

Douzièmement, ceux de l'attente ;

Et enfin, ceux de l'association des idées.

Il est une classe générale de peines qui se résolvent dans toutes les classes de plaisirs qui lui correspondent. Ce sont les peines de la privation, les peines qui résultent de l'absence de jouissance. Quelques-unes d'entre elles occupent un terrain neutre entre la région des peines et celle des plaisirs. Par exemple, le désir peut appartenir aux uns ou aux autres indifféremment. Longtemps continué, sans être satisfait, il ne manque jamais de devenir une peine. Quand la jouissance est assez proche et assez certaine pour créer l'assurance, et que l'attente de la venue cesse subitement, alors survient la peine du désappointement. Quand une jouissance est passée, et que l'on ne peut en prévoir le retour, vient la peine du regret. Il est des peines fondées sur des plaisirs, et des plaisirs fondés sur des peines. Tel est le plaisir du soulagement, quand la peine cesse ou diminue. De toute la liste des peines et des plaisirs, deux classes seulement se rapportent à autrui, ce sont ceux de la bienveillance et de la malveillance ; tous les autres se rapportent à l'individu lui-même.

---

1 Le plaisir de l'amour est un plaisir mixte, composé des plaisirs de l'amitié, auxquels sont ajoutés ceux des sens.

Jeremy Bentham

Ces plaisirs et ces peines, l'obtention des uns, l'éloignement des autres, sont les seuls motifs qui président à la conduite des hommes. On a adapté à la plupart d'entre eux une phraséologie emportant l'idée d'un sens bon, indifférent, ou mauvais. Par exemple, l'amour de la réputation, dans un mauvais sens, s'appelle faux honneur, orgueil ou vanité ; dans un sens indifférent, on l'appelle ambition, mot susceptible d'interprétation et inclinant tantôt vers le vice, tantôt vers la vertu ; puis, dans un sens favorable, le même mot se traduit par honneur, amour de la gloire : le motif religieux prend toutes les nuances du zèle, de la piété, de la dévotion, de la superstition, de l'enthousiasme, du fanatisme. Mais, quelque variée que soit la phraséologie qui les désigne, on trouvera, nous le croyons, que ces motifs appartiennent à l'une ou à l'autre des classes de plaisirs ou de peines que nous avons énumérées.

Il est un grand nombre de plaisirs et de peines qui, bien que capables d'agir, et agissant en effet, comme motif déterminant, n'ont cependant qu'un rapport éloigné avec le sujet. Le plaisir de la nouveauté, par exemple, est l'anticipation d'une jouissance indéfinie, ou qui n'est que partiellement définie : c'est l'acquisition d'une connaissance nouvelle, ce peut même être une sorte de désappointement agréable ; quelque fois il prend la forme d'une difficulté vaincue. Il est fréquemment très difficile de rattacher le plaisir à sa cause.

Le plaisir de la mémoire est un plaisir résultant de l'exercice de la puissance agissant, par l'intermédiaire des idées, sur les choses qui promettent l'utilité. Nous rappeler ce que nous désirons nous rappeler, est une sorte de triomphe, et de la volonté, et de l'intelligence ; car, dans l'étrange travail de l'esprit humain, il est des choses que nous nous efforçons en vain de nous rappeler ; il en est d'autres qui assiègent malgré nous notre mémoire : ce que nous désirons le plus nous rappeler, échappe à tout l'effort de nos souvenirs ; ce qui nous déplait le plus se retrace avec une force et une influence toute puissante. Les plaisirs de la conception ou de l'imagination, ne se rattachent au vice ou à la vertu qu'en raison de leur sujet et de leur source.

Les individus sont plus ou moins sensibles à l'influence de la peine et du plaisir en général, ou d'une peine et d'un plaisir en particulier, en raison de l'organisation corporelle et intellectuelle de chacun, des connaissances, des habitudes, de la condition domestique et sociale, du sexe, de l'âge, du climat, du gouvernement, en un mot, de circonstances si variées et si complexes, que le développement de l'étendue exacte et du caractère de chacune d'elles est « peut être, sinon absolument, l'une des tâches les plus difficiles assignées à la physiologie morale » [1] . Ce serait d'ailleurs prendre une inutile peine que d'essayer de suivre cette investigation dans ses ramifications infinies, puisque, après tout, chaque homme doit être le meilleur juge de sa propre sensibilité, et des peines et des plaisirs qui agissent le plus efficacement sur elle. En matière pénale, de telles considérations sont d'une haute importance, parce que c'est par elles que devront, en grande partie, être évaluées la quantité de crime et la somme de châtiment. Mais, en matière de Déontologie, l'homme est constamment traduit à son propre tribunal, rarement celui d'autrui.

La tâche du moraliste est donc d'amener dans les régions de la peine et du plaisir toutes les actions humaines, afin de prononcer sur leur caractère de propriété et d'impropriété, de vice ou de vertu. Et effectivement, en examinant la chose, on trouvera que depuis l'origine du monde, les hommes ont souvent, d'une manière imperceptible et en dépit d'eux-mêmes, appliqué ce critérium utilitaire à leurs actions, au moment même où ils le décriaient avec le plus d'acharnement.

En effet, des hommes se sont rencontrés qui se sont imaginé qu'en s'infligeant à eux-mêmes des souffrances, ils faisaient une action sage et vertueuse. Mais leurs motifs, après tout, étaient les mêmes que ceux du reste des hommes ; et au milieu des tortures qu'ils s'imposaient, ils comptaient sur un résultat de bonheur. Ils pensaient qu'une moisson de plaisirs futurs devait croître sur le sol des peines présentes ; et dans l'attente de cette moisson, qu'ils se figuraient abondante et sans limite, ils trouvaient leur jouissance. Ils prétendaient encore que la patience était une vertu, le courage une vertu, et que l'homme juste serait récompensé pour les avoir pratiquées. Ils paraissent n'avoir pas compris que l'Être divin, s'il est juste et bon, ne saurait vouloir qu'aucune portion de bonheur soit inutilement sacrifiée, aucune souffrance inutilement endurée : leur ascétisme était de l'utilitairianisme renversé. Ils imaginèrent

---

1 Introduction aux principes de morale et de législation, p. xlij.

Jeremy Bentham

d'approuver des actions, parce qu'elles entraînaient avec elles des souffrances, et d'en désapprouver d'autres, précisément parce quelles produisaient du bonheur. Peut être mêlaient-ils à dessein, à leurs théories, une certaine dose de mystère et de difficultés. Il leur répugnait de faire entrer dans les attributs du dieu qu'ils adoraient ce que, dans les hommes, ils ne pouvaient s'empêcher d'appeler justice et sagesse, prudence et bienveillance ; car il est naturel que le mystère se délecte dans les régions imaginaires. C'est pourquoi ils tracèrent et imaginèrent d'autres principes de conduite pour la divinité ; ils s'amusèrent à déployer leur autorité et à exercer leur sagacité à concilier l'inconciliable et à prouver l'impossible. Ils introduisirent des impostures qu'ils appelèrent plaisirs, tandis que les vrais plaisirs prenaient leur vol, et fuyaient à tire-d'aile loin de ces fronts austères et chagrins.

Le principe ascétique n'est donc que la fausse application du principe qui prend pour base la maximisation du bonheur; et on se convaincra que toute autre base donnée à la morale, n'est que du despotisme et de l'égoïsme.

Le *sens moral* de lord Shaftesbury, équivaut simplement à cette déclaration, que l'opinion, le sens moral de celui qui agit, est la véritable règle de son action. Affirmer l'existence de ce sens moral, ce n'est, après tout, que poser la question : ce n'est pas la résoudre. Si les hommes ont ce sens moral, c'est bien ; mais c'est parce qu'ils ne l'ont pas, qu'il est nécessaire de le chercher ou de découvrir quelque chose qui le remplace.

Il y aurait danger à le considérer comme le principe et le moteur des bonnes actions, et à adopter ses décisions ; ce serait exclure ou entraver tous les autres principes, et le principe de l'utilité lui-même. Où tracer la ligne de séparation ? Comment concilier des éléments hostiles ? Des forces opposées pourraient du moins se neutraliser l'une l'autre. Ainsi voilà que tout est confusion : le caprice lui-même est érigé en loi.

L'impossibilité absolue de tirer de ce principe une utilité pratique, doit suffire, ce semble, pour en dégoûter ses partisans.

Le *sens commun* du docteur Beattie est une prétention de la même espèce, puisqu'un homme pourra toujours refuser d'adopter comme règle obligatoire tout sens commun qui différera du sien.

L'*intelligence* du docteur Price, se révolterait contre l'intelligence d'un homme poursuivant une carrière morale différente de celle dans laquelle il est lui-même entré ; et il en sera de même de tous ces grands mots pleins d'arrogance, *la raison, la raison véritable, la nature, la loi naturelle, la justice naturelle, le droit naturel, l'équité naturelle, le bon ordre, la vérité.* Tous constituent des dogmes par lesquels certains hommes exigent une obéissance implicite à leurs décrets. Et en effet, rien qui flatte plus l'esprit d'indolence, de charlatanisme, de domination, qui nous est plus ou moins commun à tous, que cette prétention qu'affiche un homme, d'unir dans sa personne le double caractère d'avocat et de juge.

Le sens moral, disent quelques-uns, nous porte à la générosité ; mais détermine-t-il ce qui est généreux ? Il nous porte à le justice ; mais décide-t-il de ce qui est juste ?

Il ne peut terminer aucune controverse, concilier aucune dissidence. Amenez un moderne partisan du sens moral et un ancien Grec, et demandez-leur si des actions réputées permises dans l'antiquité, mais touchant lesquelles l'opinion a subi depuis de grands changements, doivent être tolérées dans un État. Nullement, dit le moderne : mon sens moral les repousse, donc elles doivent être interdites. Mais le mien les approuve, dit l'ancien ; donc je conclus qu'il faut les tolérer. Là finira la discussion, si le moderne garde ses principes et son sang-froid. En partant du sens moral, il n'y a pas moyen d'ajouter un mot de part ni d'autre ; et il en résulte que les actes en question sont tout à la fois louables et détestables. Le moderne donc, qui, il est probable, ne saura garder ni son sang-froid ni ses principes, dit à l'ancien : « Votre sens moral ne signifie rien du tout. Il est corrompu, abominable, détestable : tous les peuples n'ont qu'un cri contre vous. - Il n'en est rien, répond l'ancien ; mais quand même cela serait, qu'est-ce que cela prouverait ? Il s'agit ici de savoir, non ce que les peuples *pensent*, mais ce qu'ils *doivent* penser. » Sur ce, le moderne chasse l'ancien à coups de pied, ou lui crache au visage ; et, s'il en a la force, il le brûle tout vif. Et en effet, il n'y a pas d'autre moyen naturel et raisonnable de continuer la discussion.

Si vous pouvez leur persuader à tous deux d'adopter pour leur guide le principe de l'utilité, le débat prendra une tout autre tournure ; le résultat sera qu'ils tomberont d'accord, ou, s'ils ne sont pas d'accord, ce sera au sujet de quelques faits, et il n'y a pas lieu de supposer aucun d'eux assez déraisonnable pour se fâcher contre son adversaire, parce qu'il diffère avec lui sur une question de fait ; ils se sépareront avec la résolution de faire des recherches tendant à éclaircir certains faits, s'ils sont de nature à être éclaircis à la satisfaction de l'investigateur ; et dans le cas où ils seraient convaincus de l'impossibilité d'arriver à un sentiment commun, ils se quitteront avec la résolution d'agir chacun selon son opinion, et ils auront du moins la satisfaction de savoir sur quel point précis porte leur dissentiment.

Ainsi, en terminant la discussion, il se trouverait qu'ils diffèrent sur certains faits, et ce serait là la seule conclusion possible ; car, en procédant d'après le principe de l'utilité, ce serait là tout l'objet des investigations, le seul sur lequel il fût possible de fonder un dissentiment quelconque.

Certains hommes estiment que c'est trahir la cause de la vérité que de l'exposer au doute en la rendant l'objet d'une enquête. Qu'ils nous disent s'ils pensent qu'il est probable que le résultat d'une enquête si paisible et si calme, puisse jamais aboutir à la justification du meurtre, du brigandage, du vol, de la dévastation, de la malfaisance préméditée, du parjure, en un mot de l'un de ces crimes généralement redoutés comme mortels à la paix sociale. Si l'on répond non, alors, ou il faut que les actions en question n'aient pas le même caractère de criminalité, et dans ce cas il n'y a pas lieu de les traiter comme telles ; ou elles ont ce caractère, et l'enquête le constatera.

On a beau en appeler au sentiment, et rien qu'au sentiment, pour engager les hommes à accomplir les actes que nous appelons vertueux, il faudra quelque chose de plus que le sentiment pour qu'une personne, instruite de toutes les circonstances d'un tel acte, c'est-à-dire, du total de son influence sur les plaisirs et les peines, lui donne son approbation.

Quand la science leur échappe, les hommes cherchent derrière quoi abriter leur ignorance.

On convient que le sens moral n'est autre chose que la propension qu'a un homme, premièrement à faire une certaine action, secondement à l'approuver.

Mais cette propension, sous ces deux formes, peut exister à l'égard de plusieurs actions que les partisans du sens moral sont aussi disposés à condamner que qui que ce soit.

Espérons que le temps est venu où la traduction de généralités vagues et d'assertions arbitraires dans le langage simple des plaisirs et des peines, va bannir graduellement une phraséologie qui, plus que toute autre chose, tend à couvrir toutes les questions de vice et de vertu d'un nuage impénétrable. Ainsi, par exemple, un acte est qualifié de dénaturé, et réprouvé en conséquence ; et ceux qui emploient ce langage, ce sont souvent les mêmes hommes qui prétendent que toutes les propensions naturelles de l'humanité ont le vice pour objet ; mais en passant cette expression au creuset du bon sens, on trouvera qu'elle signifie seulement que l'acte en question est inusité et peu commun. Mais il n'y a rien là qui implique nécessairement vice ou vertu, mérite ou démérite. Les actes d'héroïsme les plus sublimes empruntent leur lustre de leur rareté. On peut dire d'eux qu'ils sont inusités, peu communs. Est-ce à dire qu'il faille les réprouver ? Loin de là.

Il n'est pas hors de propos de mentionner ici que les mots *pur* et *pureté* sont employés dans cet ouvrage dans le sens mathématique ou arithmétique. Cette explication est nécessaire, parce que la rhétorique attache fréquemment à ces mots, comme à beaucoup d'autres, une signification qui ne peut qu'engendrer des idées confuses et funestes.

Un plaisir est plus ou moins pur, selon qu'il est plus ou moins mélangé de peines qui le contrebalancent ; une peine est plus ou moins pure, selon qu'elle est plus ou moins accompagnée de plaisirs qui la contrebalancent.

Dans la somme du bien-être, la pureté et l'impureté sont ce que sont le profit et la perte dans la balance commerciale.

La pureté est le profit, l'impureté la perte. Lorsque l'impureté prédomine dans un plaisir, c'est comme lorsque dans un livre de comptes la balance est du côté de la perte.

De même, lorsque l'impureté prédomine dans une peine, c'est comme si, dans un compte, la balance était du côté du profit. En pratique médicale, en législation domestique, en gouvernement politique, lorsque, dans une intention de bien, une peine est produite, c'est avec le dessein et en faisant en sorte qu'elle soit aussi impure que possible.

L'idée première de la pureté est l'absence de toute autre substance, de la substance à laquelle on veut donner cet attribut. Tout ce qui en diffère ou lui est étranger, amène l'impureté. Par exemple, l'eau employée comme boisson ou dans la préparation des aliments, peut se combiner avec un grand nombre de substances dont plusieurs la rendent moins propre, et d'autres plus propre à cet objet. Sa pureté sera en proportion de leur absence. La farine deviendra impure par le mélange de la poussière de charbon, et la poussière de charbon perdra de sa pureté si l'on y mêle de la farine ou de la poudre à poudrer. La qualité d'être insalubre ou dégoûtant, soit aux sens, soit à l'imagination, ajoute à l'intensité assignée à l'impureté.

Chapitre V
Bien-être et mal-être.

Il est désirable, nécessaire même, de trouver un mot qui représente la balance des plaisirs et des peines, en tant que réparties sur une partie considérable de l'existence de l'homme.

Le mot *bien-être* désignera la balance en faveur des plaisirs ;

Mal-être, la balance en faveur des peines.

Le mot *bonheur* n'est pas toujours le mot propre : il représente le plaisir à un degré trop élevé ; il parait se confondre avec l'idée de la jouissance au plus haut degré.

Comparativement parlant, il est peu d'hommes qui ne conviennent avoir joui, dans le cours de leur existence, d'une portion plus ou moins considérable de *bien-être*. Il en est peu au contraire, aucun peut-être, qui convienne avoir goûté le bonheur.

La quantité de bien-être dépend de la sensibilité générale, sa qualité de la sensibilité particulière, en ce sens, que certaines sources de plaisir et de peine nous affectent d'une manière plus sensible que d'autres.

Mais avec une somme convenable d'attention et d'observation, chacun de nous pourra connaître le caractère de la sensibilité individuelle. Elle se manifeste à autrui par la contenance, le geste, les manières, la conduite actuelle ou subséquente ; mais aucun indice ne sera aussi complet, aucun témoignage aussi direct que celui de nos propres sentiments. Chaque homme est plus compétent que tout autre à juger de ce qui convient à son propre bien-être : il serait donc absurde de prescrire l'observation de la même ligne de conduite invariablement dans les mêmes occasions, sans tenir compte de la sensibilité particulière de chaque individu.

En prenant l'espèce humaine en général, de quel côté la balance incline-t-elle ? Sans contredit, du côté du bien-être. L'existence est à elle seule une preuve concluante de bien-être ; car il ne faut qu'une bien faible quantité de peine pour terminer l'existence.

Il est vrai, et c'est une vérité douloureuse, que le nom de la religion n'a que trop souvent servi à annoncer aux hommes un Être tout-puissant prenant un affreux plaisir au malheur de l'humanité. Des hommes se sont rencontrés, qui, fermant les yeux à l'évidence qui les entourait, aux preuves sans nombre de la bonté et de la puissance de Dieu, ont proclamé le malheur final, le malheur sans espoir, sans limite et sans terme, comme la consommation de ses dispensations terribles. Ce dogme redoutable ne se trouve point dans le christianisme. C'est une imposture pernicieuse et que rien ne justifie. Tous les yeux peuvent lire dans le livre des saintes Écritures ; on n'y trouvera nulle part l'indication d'une telle sentence.

La rareté du suicide prouve d'une manière irrésistible que, somme toute, c'est un bien que la vie ; et quoique la sanction populaire et sympathique soit d'un grand poids dans cette question, on ne peut pas dire que le suicide ait été interdit par Jésus-Christ. Son propre exemple démontre qu'à tout événement, il peut exister des cas qui le justifient ; car, maître qu'il était de s'affranchir de la mort, il s'y est néanmoins soumis volontairement.

Cependant Maupertuis nous dit que la balance des plaisirs et des peines est du côté du maître. Il appuie sa logique sur le *Qui fit, Mecœnas*, d'Horace, et autres arguments de cette espèce. L'homme éprouve le désir d'améliorer sa condition, d'acquérir dans l'avenir quelque chose qu'il ne possède pas dans le présent. Bien ! Et qu'est-ce que cela prouve ? Qu'à la balance qui existe déjà en faveur du bien-être, il faut ajouter un autre élément de bien-être qui existe dans le cœur de tout homme, le plaisir de l'attente, le plaisir de l'espérance. Mais, dira-t-on, ce n'est pas dans le but de voir augmenter la somme de ses plaisirs que l'homme s'inquiète et qu'il travaille à changer sa condition, mais bien pour diminuer la somme de ses peines. Il ne saurait en être ainsi pour ceux du moins dont parle Horace ; car parmi eux, le suicide n'était pas regardé avec horreur, mais bien comme digne des plus grands éloges, et comme un objet d'admiration.

Sit Cato, dùm vivit, sanè vel Cæsare major

Dùm moritur, numquid major Othone fuit ?

(Martial, VI, 32.)

Une expression hasardée par Locke, homme qui vaut à lui seul vingt Maupertuis, a donné cours à une idée fausse, pénible et pernicieuse. Il dit que toute action a sa source dans une disposition qu'il appelle *uneasiness*, et qu'on a expliquée et traduite par *malaise*. Si cela est vrai, le malaise accompagne toujours nécessairement l'action, et un homme doit être dans un état de malaise toutes les fois et aussi longtemps qu'il agit. Mais quel est le sentiment que Locke appelle *uneasiness* ? Ce n'est pas un sentiment pénible, ce n'est pas le *malaise*, c'est la sensation, le pressentiment d'une aptitude à jouir dans un temps à venir, d'un plaisir qui n'est pas actuellement présent. C'est le besoin de changement, de mouvement, d'action, besoin inhérent à l'action vitale. Le plaisir peut naître de mille sources diverses, et cependant l'imagination nous en faire entrevoir beaucoup d'autres encore. Le présent peut être brillant de jouissances, même au moment où nos regards plongent dans un avenir plus brillant encore ; et aux plaisirs de la possession peuvent se joindre les plaisirs de l'espérance.

Si l'on en croit Johnson, la pensée de tout homme est occupée de son dîner jusqu'au moment où le dîner est servi ; et suivant Locke, et surtout suivant ses interprètes, tout homme passe dans un état de malaise le temps qu'il ne passe pas à table. Cependant il n'en est point ainsi : cela n'était pas vrai de Johnson lui-même. Johnson aimait son dîner par-dessus toute chose ; mais, tout en pensant amoureusement à son dîner, qui l'empêchait de se prélasser dans son fauteuil, sa *Titsey* [1] sur ses genoux, tandis qu'une autre Titsey jouait du clavecin et le charmait de son chant mélodieux, et que lui, Johnson, le nez penché sur un bouquet odorant, lisait l'ouvrage d'un auteur favori ?

Chapitre VI
But des actions

Si l'acquisition du plaisir est réellement l'objet intense, constant et unique de nos efforts, si la constitution même de notre nature exige qu'il en soit toujours ainsi, s'il en est ainsi dans toutes les occasions, on peut demander quelle utilité il y a à parler encore de morale, et quel but nous nous proposons dans cet ouvrage ? Pourquoi exciter un homme à faire ce qui est l'objet constant de ses efforts ?

Mais on nie la proposition ; car, si cette proposition est vraie, s'écrie un faiseur d'objections, où est la sympathie ? où est la bienveillance ? où est la bienfaisance ? On peut répondre qu'elles sont où elles étaient.

Nier l'existence des affections sociales, ce serait nier le témoignage de l'expérience de tous les jours. Il n'est pas de sauvage abruti chez qui on n'en retrouve quelques vestiges.

Mais le plaisir que j'éprouve à faire plaisir à mon ami, ce plaisir n'est-il pas à moi ? La peine que j'éprouve lorsque je suis témoin de la peine de mon ami, cette peine n'est-elle pas la mienne ? Et si je ne ressentais ni plaisir ni peine, où serait ma sympathie ?

Pourquoi donc, répète-t-on encore, perdre le temps à prescrire une conduite que chacun, en toute occasion, adopte pour lui-même, à savoir, la recherche du bien-être ?

Parce que la réflexion mettra l'homme à même d'estimer avec plus d'exactitude la conduite qui doit laisser après elle les plus grands résultats de bien. Il se pourra que, cédant à des impressions immédiates, il soit disposé à suivre une ligne de conduite donnée, dans la vue d'assurer son bien-être ; mais un examen plus calme et

---

1   C'est le nom de l'une des maîtresses du docteur Johnson.

plus large lui montrera que, somme toute, cette conduite ne serait ni la meilleure ni la plus sage, parce qu'il lui arrivera quelquefois de découvrir que le bien le plus proche serait surpassé par un mal plus éloigné, mais qui s'y rattache ; ou que, pour un moindre plaisir abandonné maintenant, il obtiendrait dans l'avenir un plaisir plus grand.

Parce qu'il pourrait arriver que l'acte qui nous promet un plaisir actuel fût préjudiciable à ceux qui font partie de la société à laquelle nous appartenons ; et ceux-ci, ayant éprouvé un dommage de notre part, se trouveraient portés par le sentiment seul de la conservation personnelle, à chercher les moyens de se venger de nous, en nous infligeant une somme de peine égale ou supérieure à la somme de plaisir que nous aurions goûtée.

En outre, l'acte en question pourrait produire du déplaisir dans la société générale, et il est possible que la perte de la bonne opinion de nos semblables, résultant de l'acte proposé, dépasse en valeur le plaisir produit.

Mais, peut-on dire encore, le bien-être d'un homme ne *doit* pas être l'objet de ses efforts. Ce prétendu *devoir*, comme beaucoup d'autres, ne sert qu'à couvrir une assertion despotique et sans base, et qui ne prouve qu'une chose, c'est que l'objecteur *pense* que le bien-être d'un homme ne *doit* pas occuper son attention. Notre argument n'en reste pas moins ce qu'il était, et il sera d'autant plus fort que, pour l'attaquer, on n'emploiera que des assertions dogmatiques. L'objection équivaut, au plus, à la déclaration d'une opinion, et une déclaration sans raisons à l'appui laisse les choses à peu près où elle les a trouvées.

Éclairé par le principe déontologique, le domaine de l'action va prendre un nouvel aspect. La sagesse de parade, les mots sacramentels, les distinctions subtiles, les raisonnements fallacieux, les dogmes hautains de l'intolérance et de l'ignorance, vont s'évanouir en fumée. Dépouillée des mystères et des complications dont les casuistes et les hommes d'église l'avaient entourée, la règle du devoir deviendra d'un facile usage et la source du bien-être journalier. Les généralités vagues perdront leur puissance, et paraîtront ce qu'elles sont en effet, c'est-à-dire, ridicules et déplorables ; ridicules considérées en elles-mêmes, déplorables considérées dans leurs conséquences.

L'intelligence et la volonté concourent également au but de l'action. La volonté ou l'intention de chaque homme est dirigée vers l'obtention de son bien-être. La Déontologie est appelée à éclairer l'intelligence, en sorte qu'elle puisse guider la volonté dans la recherche du bonheur, en mettant à sa disposition les moyens les plus efficaces. La volonté a toujours le but en vue. C'est à l'intelligence à corriger les aberrations de la volonté là où la volonté emploie des instruments autres que les plus convenables. La répétition d'actes, soit positifs, soit négatifs, c'est-à-dire, d'actes de commission ou d'abstention, ayant pour objet la production de la plus grande balance accessible de plaisir, et étant judicieusement dirigés vers ce but, constitue la vertu habituelle.

Chapitre VII
Sanctions

Respice finem. Le but de l'action étant défini, on ne doit pas le perdre de vue, et il ne saurait rien y avoir de plus important que de rechercher les moyens les plus efficaces de l'atteindre. Ces moyens se présentent dans les stimulants qui opèrent sur la conduite. Ils amènent la conduite et ses conséquences dans la région des espérances et des craintes ; des espérances qui offrent une balance de plaisirs ; des craintes qui prévoient par anticipation une balance de peines. Ces stimulants peuvent convenablement s'appeler sanctions.

Ce qui constitue la mesure de la force d'une tentation à mal faire, c'est la proportion dans laquelle, dans la pensée de la personne tentée, la somme de plaisir doit l'emporter sur l'intensité de peine qui en résultera, le tout combiné avec la proximité et la probabilité apparente de cette peine et de ce plaisir.

Les sanctions, comme nous l'avons dit, sont les stimulants à l'action. Elles supposent l'existence des tentations. Les tentations sont le mal ; les sanctions, le remède. Mais sanctions et tentations ne sont que des peines et des plaisirs, agissant séparément dans les tentations, et simultanément dans les sanctions.

Jeremy Bentham

Mais pour qu'une sanction exerce son influence, il n'est pas nécessaire que l'individu connaisse l'existence de ce stimulant. C'est ainsi que Balaam fut arrêté par le pouvoir d'un ange que ses yeux ne pouvaient voir.

Il est des cas où la nécessité est et doit être l'excuse de la conduite ; ces cas sont exceptionnels et en dehors des règles ordinaires. En l'examinant de près on trouvera que cette excuse est l'aveu de l'insuffisance du châtiment à empêcher l'acte en question. Il est rare que les moralistes ou les législateurs aient reconnu, dans l'inefficacité du châtiment, la raison pour laquelle on ne peut contrôler certains actes. C'est cependant la seule raison vraie et tenable. C'est la cause réelle, mais inaperçue, de l'influence de la nécessité. Pourquoi, dans tel cas donné, un homme s'est-il déterminé pour telle action ? Il a senti une répugnance à faire autrement ; il n'a pas pu résister au despotisme de cette répugnance ; il n'a pas pu même s'en rendre compte ; c'est ce qui arrive fréquemment. Qu'en conclure ? Qu'aucun châtiment n'était assez proche, assez grand pour le retenir.

Les sanctions se combinent en raison de leur nature ou de leurs sources. Selon leur nature, elles sont, ou punitoires par les peines ou la perte des plaisirs, ou rémunératoires par le plaisir ou l'exemption de peines. Elles se divisent en sanctions physiques, sociales, morales, politiques et religieuses. De toutes ces sources procèdent les punitions et les récompenses, les peines et les plaisirs.

I. La sanction physique se rapporte à la personne de l'individu, considérée sous le point de vue physique et psychologique, en tant que les peines et les plaisirs affectent le corps. Elle se déduit de la constitution physique de l'homme en général, et se trouve modifiée par la sensibilité particulière de l'individu. En thèse générale, on peut dire que la sanction physique est cette influence provenant de la nature ordinaire des choses, qui accompagne tel ou tel acte en particulier, indépendamment de la volonté d'autrui. C'est cette influence qui est indépendante des motifs dérivés de sources étrangères à l'individu : c'est la sanction qui existerait dans toute sa forme, si un homme était entièrement isolé du reste du monde, sans communication avec ses semblables, sans foi dans le gouvernement de la Providence. Elle représente ces peines et ces plaisirs qui n'émanent pas positivement de la position sociale, politique ou religieuse, bien qu'elle soit la base de la puissance de tous les autres stimulants ; car, ce n'est que par leur influence sur l'organisation physique de l'homme, par la puissance qu'elles ont de produire des souffrances ou des jouissances dans l'individu, qu'ils peuvent devenir des motifs d'action.

2. La sanction sociale, ou sympathique, est celle qui résulte des relations domestiques ou personnelles de l'individu ; c'est une sorte de mélange de l'intérêt personnel et social. Jusqu'à un certain point, son jugement est créé par ses propres influences. C'est l'application qu'il se fait à lui-même de ce code domestique à la confection duquel il a lui-même pris part.

S'il est père, ses enfants, dans la proportion de leur respect pour ses opinions et ses actes, reconnaîtront son autorité, et adopteront ses idées de bien et de mal. La sanction domestique peut être plus ou moins efficace, plus ou moins éclairée que la sanction populaire ; son opération est plus directe et plus immédiate que ne peut l'être la sanction populaire, en ce sens que le bonheur d'un homme dépend en général plus de ceux qui l'entourent habituellement ou fréquemment, que de ceux qui sont éloignés de lui. Les sanctions sociale et populaire agissent et réagissent l'une sur l'autre ; la sanction populaire n'étant par le fait que le grand récipient de toutes les sanctions sociales.

3. La sanction morale ou populaire est celle qu'on appelle communément opinion publique ; c'est la décision de la société sur la conduite, décision reconnue et qui fait loi. La sanction populaire peut se diviser en deux branches, l'une démocratique, l'autre aristocratique, lesquelles attribuent à des actes de la même nature une portion bien différente de récompense ou de punition. Une sanction, toutes les fois qu'elle est exécutée, constitue et met en vigueur une loi, et les lois constituées par la sanction aristocratique sont, pour une portion considérable du domaine de la conduite, en opposition avec celles constituées par la sanction démocratique.

Ainsi, dans les méfaits qui affectent les *personnes*, la sanction démocratique tolère le combat à coups de poings ou la tentative d'infliger une douleur physique [1] ; elle ne tolère pas le duel ou la

---

1 Ceci n'a qu'une vérité relative : vrai pour l'Angleterre, ce ne saurait l'être pour la France ; nos mœurs militaires ont depuis longtemps fait pénétrer le duel dans les rangs les plus infimes de la démocratie. L'amour de l'égalité a amené aussi ce résultat.

tentative de tuer. La sanction aristocratique, au contraire, non seulement tolère, mais encore récompense la tentative d'infliger la mort. Quant aux méfaits affectant la propriété, la sanction démocratique donne la préférence aux dettes commerciales sur les dettes de jeu, tout au rebours de la sanction aristocratique. La première punit la friponnerie sous toutes ses formes, la seconde la récompense dans un propriétaire à majorat.

Dans l'échelle de réprobation de la démocratie, ce qui nuit passe avant ce qui n'est que ridicule ; chez l'aristocratie, ce qui est ridicule avant ce qui nuit. La démocratie rapporte, ou du moins a, de jour en jour, une tendance plus grande à rapporter toute chose à l'utilité, au principe de la maximisation du bonheur ; l'aristocratie, autant et aussi longtemps que possible, au principe du goût, ayant du reste grand soin de s'en constituer l'arbitre suprême.

Parmi les plaisirs et les peines dérivés de la sanction morale ou populaire, et exerçant une vaste influence sur la vertu et le vice, et par suite sur le bonheur et le malheur, il faut compter un certain nombre d'entités fictives qui demandent attention : telles sont, entre autres, la réputation, l'honneur, la renommée, la célébrité, la gloire, les dignités. Elles ont cela de commun que, bien que fictives, elles constituent néanmoins des objets de possession ; elles diffèrent des autres objets de possession en ceci, que leur recherche, dans quelque proportion que ce soit, n'est pas réputée inconvenable. Tout le monde accorde qu'il peut y avoir excès dans l'amour de l'argent ; il en est autrement de la recherche des biens dont nous venons de parler.

Mais dans les erreurs commises à leur égard, dans les éloges prodigués à ceux qui les recherchent ou les possèdent, on trouvera l'une des sources les plus abondantes de mal et d'improbité. Les moyens dont un homme peut disposer, il les emploiera non seulement pour conserver ceux de ces biens qu'il possède déjà, mais encore pour obtenir ceux qu'il désire ; leur possession est un instrument d'influence, et cette influence peut devenir funeste en raison directe de son étendue. Le mal est à son minimum quand il est limité à un individu ; il est à son maximum quand il opère sur le domaine national ou international.

Depuis que tout Français peut être maréchal de France, le droit de tuer son homme en duel, n'a pu rester le monopole d'une classe privilégiée. (Note du traducteur.)

Chapitre VII

Appliqués à la vie privée, le principal inconvénient que l'un ou l'autre de ces appellatifs peut produire est le danger résultant du duel. Le bien que se propose le duel est la répression de toute conduite offensante ; ce bien, on pourrait sans doute l'obtenir, et plus efficacement, à moindres frais ; mais c'est là, du moins, un bien qu'on peut mettre en regard du mal.

Mais, dans leur application aux affaires nationales et internationales, ces choses conduisent aux excès en matière de gouvernement, c'est-à-dire, aux usurpations de pouvoir ; et à la guerre, c'est-à-dire, aux ravages, à la rapine, à la destruction, sur la plus vaste échelle ; et la somme de mal dépendra de la somme d'influence exercée par celui qui met en action ces éléments de misère.

Si c'est un souverain, le domaine de son action est ou national ou international ; si c'est aux dépens de ses propres sujets qu'il recherche l'honneur, la gloire, la renommée, etc., le mal auquel ces appellations vont conduire est l'invasion des droits nationaux ; en cas de non résistance, l'oppression et l'arbitraire ; en cas de résistance, la guerre civile. S'il recherche ces distinctions aux dépens des autres nations, alors vient la guerre étrangère, qui se traduit par le meurtre, la rapine, la dévastation, sur une grande échelle ; le tout aux dépens de ses sujets et de ceux de l'état étranger.

Un souverain n'est pas, il est vrai, l'exécuteur immédiat de tous ces malheurs, de tous ces crimes, et chacun de ses sujets peut y avoir sa part de complicité ; il peut, en raison de sa position, en avoir été le premier instigateur. C'est ainsi qu'un ministre, un conseiller légal de la couronne, un membre de l'une des branches de la législature ou même d'une association non officielle, un journaliste, peuvent, chacun dans sa sphère, exercer une puissante influence.

La quantité de ces influences dont un souverain pourra disposer sera proportionnée à la quantité de puissance dont il est investi ; la puissance que lui et ses sujets possèdent relativement aux autres nations, la puissance qu'il possède lui-même par rapport à la nation à laquelle il commande. Or, le désir de posséder ces biens étant illimité, les efforts pour les obtenir deviennent pareillement illimités. De là, dans leur carrière dévastatrice, on voit déborder sans frein et sans contrôle les conquêtes sur l'étranger, les agressions, les usurpations ; l'avilissement à l'intérieur, les déprédations à l'extérieur, et des actes qui, commis dans une capacité privée, porteraient le nom de crimes et en recevraient le châtiment.

Il est des cas, il est vrai, où il n'a pas été abusé du pouvoir ; où, au contraire, on l'a fait servir au bien public : c'est ainsi qu'on l'a quelquefois employé à établir à l'intérieur de sages lois ou à maintenir et manifester la justice nationale à l'étranger.

Mais ces cas sont rares, et plus rares encore ceux où la gloire, la célébrité, et toutes ces possessions brillantes, ont été recherchées et puisées à une source aussi bienfaisante.

Il est rare, en effet, que ces noms d'honneur et de gloire ne se lient pas à des actes sanglants ou funestes.

La réputation acquise par la bienveillance, est comme inaperçue, comparée à celle que des entreprises abominables et atroces ont procurée à certains rois.

Que faire, lorsque, malheureusement, de toutes ces choses magnifiques, si petite est la part qu'on peut se procurer par des moyens innocents, si grande par des voies coupables ? Que faire, sinon de présenter le portrait du vice et de la vertu dans le contraste de la beauté de l'une et de la laideur de l'autre ? Sinon de peindre sous leurs véritables couleurs ces malfaiteurs près desquels un incendiaire ordinaire est aussi inférieur dans l'échelle du crime, qu'une petite quantité de mal sous une seule forme est inférieure à cette masse immense de fléaux de toute sorte que vomit sur un peuple la guerre civile ou étrangère ?

Peut-être dira-t-on qu'on fait servir ces colifichets à un but utile, l'intérêt national. Non, certes ; car ceux qui les préconisent ont grand soin de rejeter le mot vulgaire et sordide d'intérêt. Quel déclamateur parlera jamais de sacrifier la gloire à l'intérêt, l'honneur à la prudence ? Oh, que non pas ! Arrière la substance pour l'ombre ! Arrière le réel, donnez-nous l'imaginaire ! C'est le cri du patriotisme et de la nationalité.

Non qu'il ne soit possible de servir l'intérêt national sans danger pour la probité et la prudence, d'une manière plus persévérante et plus irréprochable que l'intérêt privé. Une acquisition de territoire peut servir l'intérêt privé, non l'intérêt public. De même la conquête, la colonisation, tout cela peut servir les intérêts du petit nombre des gouvernants, jamais ceux de la masse des gouvernés.

Chose étrange que tous les malheurs produits par les influences que nous avons décrites, malheurs, sur une si vaste échelle, si formidables par leur intensité et leur durée, soient envisagés presque toujours avec le calme de l'indifférence ou l'entraînement de l'admiration ; et, chose plus étrange encore, que ce calme, cette admiration, on les trouve dans les mêmes hommes qui n'hésiteraient pas à appeler sur des actes ou même des pensées qui n'ont rien de nuisible, les manifestations de la haine, les châtiments de l'opinion, ou même l'application des lois pénales.

La sanction populaire assume des noms bien divers. Par exemple, un auteur, décrivant la fortitude avec laquelle les Indiens soutiennent les douleurs de la torture, dit :

« La constance des victimes dans ce drame terrible, démontre l'étonnante puissance des institutions, et une soif de gloire qui fait imiter à ces hommes, et même dépasser, tout ce que la *philosophie* et la religion peuvent effectuer. »

La philosophie n'est ici pour rien, mais bien la force de la sanction populaire appliquée d'une manière spéciale. Ce mot doit signifier le désir de paraître philosophe, et par là d'acquérir ou de conserver le respect attaché à ce caractère. Il ne peut signifier l'art de bien calculer les peines et les plaisirs ; car ce sentiment-là n'inspirerait pas des efforts d'héroïsme sous le poids d'une douleur connue pour être tout à la fois transitoire et inallégeable.

La sanction morale doit sa plus haute efficacité aux progrès de l'intelligence.

Dans un état de barbarie, les hommes sont gouvernés en tout par des impressions soudaines, en rien par la réflexion. L'expérience des siècles précédents est perdue pour les siècles qui les suivent.

Alors, la sanction morale a, tout juste, assez d'influence pour inculquer la vertu du courage, vertu de première nécessité, qui s'introduit l'une des premières dans le cœur des hommes. La véracité, l'intégrité ne viennent qu'ensuite. Celle qui vient la dernière est la tolérance.

De là on peut déduire cette règle générale, que :

Plus une nation est éclairée, plus a de force l'influence de la sanction morale.

Les Romains ne font pas exception à cette règle. La vertu, dit-on, a caractérisé l'enfance de ce peuple, la dépravation son déclin ; et pourtant, à la dernière de ces époques, il était plus éclairé qu'à la première.

I. On peut répondre d'abord, qu'on ne peut pas dire que jamais la masse du peuple romain ait été éclairée, même à la dernière époque. La littérature était abondante, mais peu répandue. Les ouvrages étaient en grand nombre ; mais il n'en existait qu'un petit nombre d'exemplaires.

2. Ensuite, la dépravation qui nous frappe si fort dans la décadence de l'empire romain n'était pas celle des particuliers, mais de quelques hommes publics corrompus par l'abus et la mauvaise direction de la sanction politique. L'influence de la sanction morale n'est pas retracée dans les portraits imparfaits et mutilés de ces temps, qui sont parvenus jusqu'à nous.

3. Les exemples qui nous out été transmis, suffisent pour prouver que le peu de vertus qui existaient dans les premiers temps de Rome, étaient dûs plutôt à l'influence de la sanction politique qu'à celle de la sanction morale. La sanction politique était dirigée de manière à produire une certaine portion de vertu publique, en même temps que la vertu privée était réduite au taux le plus bas, témoin les empoisonnements dont parle Tite-Live. Nous voyons aussi que la dépravation privée ne fut remarquée, que lorsqu'elle se fut élevée au point de mettre en danger l'existence de l'État.

La sanction populaire, lorsqu'elle est éclairée par le principe déontologique, corrige les aberrations du jugement individuel, et place le coupable hors de la région où les intérêts et les passions du juge lui feraient prendre la vengeance et non la justice pour base de sa sentence. La vengeance ne saurait être regardée comme le but du châtiment ; car si la vengeance est le but, le ressentiment de la personne lésée doit en être la mesure ; il n'en saurait être d'autre. Mais le ressentiment d'un homme contre un acte nuisible à la société, est presque toujours plus ou moins grand que le mal, rarement proportionné : quelquefois il sera dirigé contre des actes qui ne sont point nuisibles. Il diffère d'un homme à un autre, il diffère même dans le même homme ; et, dans aucun cas, aucune règle ne peut être fixée, aucun expédient prescrit pour établir le niveau, si ce n'est en partant du principe de l'utilité.

Quelquefois, une plus grande somme de châtiment sera infligée, qu'il n'est nécessaire pour effrayer les coupables ; en sorte qu'on aura détruit une portion de bonheur en pure perte. Une autre fois, le châtiment infligé sera insuffisant pour atteindre ce but ; en sorte que le châtiment aura été infligé, et le dommage n'en continuera pas moins.

Ceux à qui est attribuée la dispensation de la sanction morale, se contentent de moins de preuves qu'on n'a le droit d'en exiger de ceux qui sont appelés à dispenser la sanction politique. Les premiers peuvent plus facilement arriver aux preuves que l'action elle-même fournit. Pour expliquer une action, ils évoquent toutes les actions de la vie d'un homme ; ils examinent tous les témoins, compétents ou incompétents.

Il serait à désirer que le nom de chaque homme fût écrit sur son front aussi bien que gravé sur sa porte ; que ce qu'on appelle secrets n'existât pas, et que la maison de chaque homme fût de verre : le cœur de chacun serait bientôt connu. Les actions sont une assez bonne interprétation des sentiments quand c'est l'observation qui nous en fournit la clef.

Plus les hommes vivent en public, plus ils sont justiciables de la sanction morale. Plus les hommes sont dans la dépendance du public, c'est-à-dire plus il y a d'égalité parmi eux, plus les preuves ont d'évidence, plus elles acquièrent de certitude. La liberté de la presse met tous les hommes en présence du public. La liberté de la presse est le plus puissant levier que possède la sanction morale. Placés sous une telle influence, il serait étrange que les hommes ne devinssent pas de jour en jour plus vertueux. Il est certain qu'ils le deviennent, et qu'ils continueront à s'améliorer jusqu'à ce que leur nature ait atteint sa perfection. S'arrêteront-ils dans cette voie ? Rétrograderont-ils ? Autant vaudrait demander si les fleuves suspendront leur cours ou reflueront vers leur source.

Une seule chose pourrait suspendre le mouvement d'amélioration, et cette chose est hors de la sphère des probabilités.

Ce serait l'asservissement soudain et universel de ces influences morales par une nécessité physique.

Jeremy Bentham

Un royaume, le globe tout entier, sont devenus comme une vaste arène où chacun s'exerce sous les yeux de tous. Le moindre geste, la moindre oscillation du corps ou du visage, dans ceux dont les mouvements ont une influence visible sur le bonheur général, sont épiés et remarqués.

La constitution de l'esprit humain étant découverte par degrés, le labyrinthe est exploré, le fil libérateur est trouvé, à savoir, l'influence de l'intérêt, non cet intérêt partial et vil qui asservit les âmes sordides, mais cet intérêt à vues larges et bienfaisantes qui règne sur tous les esprits éclairés. Ce fil est mis entre les mains de tous. Chaque jour voit expliquer les chiffres et dévoiler les mystères dont l'iniquité voudrait voiler ses projets maladroits. Encore un peu de temps, et il n'y aura plus d'énigmes.

Qui sait même, qui sait si celui qui écrit ces lignes n'aura pas contribué par ses humbles travaux à avancer cette œuvre glorieuse, et si cette prophétie n'aura pas, comme tant d'autres, jusqu'à un certain point, amené son propre accomplissement.

4. La sanction politique ou légale. Elle a deux branches, judiciaire et administrative. Comme judiciaire, elle agit principalement par voie de punition ; administrative, par voie de récompense. Cette sanction devient loi, et s'applique à tous les actes contre lesquels la législation prononce des peines ou qu'elle estime dignes de récompenses publiques. En d'autres termes, la sanction politique s'applique à ces vices qui, étant considérés comme délits ou crimes, entrent dans le domaine des dispositions pénales, et sont par conséquent placés sous l'action de l'autorité officielle ; elle s'applique pareillement à ces vertus qui sont désignées à l'État comme dignes d'être récompensées par lui.

Le scandale est à la sanction morale ce qu'est le parjure à la sanction politique.

5. La sanction religieuse ou surhumaine. Elle a deux sources principales d'influence qui, lorsqu'il est possible de les appliquer aux actions humaines, lui confèrent nécessairement une grande somme d'autorité et de puissance ; car, en premier lieu, elle suppose dans le Souverain-Être une connaissance complète de tous les méfaits qu'il s'agit de réprimer ; secondement, en lui

attribuant la connaissance de toutes les circonstances aggravantes et atténuantes, elle le suppose instruit de la qualité et de la quantité exacte de criminalité de chaque acte. Par là, toutes les chances d'échapper à l'observation ou au châtiment, chances qui diminuent l'efficacité de toutes les autres sanctions, se trouvent écartées de celle-ci qui place le coupable en la présence immédiate d'un juge suprême qui voit tout, connaît tout, et rétribue chacun selon ses œuvres.

C'est donc aux interprètes de la religion qu'il appartient de traiter des peines et des plaisirs que la religion attache aux actes d'abstinence ou de dérèglement qu'elle prescrit ou défend. La tâche du Déontologue est de s'enquérir jusqu'à quel point ces moyens atteignent le but que la morale se propose ; s'ils sont inefficaces, de rechercher les causes de cette inefficacité, et d'appliquer l'instrument dont lui-même dispose, à cultiver la portion du domaine de la pensée et de l'action que l'enseignement religieux a laissé en friche. Et on est en droit d'espérer qu'en travaillant ainsi de concert avec les interprètes de la religion au service de la vertu et à la recherche du bonheur, le Déontologue sera considéré non comme un rival à supplanter, mais comme un coopérateur digne d'affection. Les bienfaisantes influences de la sanction religieuse ne peuvent qu'être fortifiées en appelant à leur aide toutes les autres sanctions. Ceux-là même ont souvent déploré son inefficacité qui n'hésiteraient pas à l'armer des plus grands pouvoirs. Elle ne saurait donc être hostile à des auxiliaires amis.

Et s'il est des opinions religieuses qui soient hostiles au bonheur de l'homme, sans doute c'est là une preuve qu'elles n'ont point la vérité pour base. La vraie religion ne saurait jamais avoir pour objet de fermer les sources de la félicité, d'ouvrir celles du malheur.

Lorsqu'un homme est moins heureux qu'il ne pourrait l'être, qu'importe que ce soit le résultat de l'action d'autrui ou de ses propres opinions ? Une religion porterait donc en elle-même une évidence de fausseté, tout aussi bien en mettant obstacle à cette portion du bonheur d'un homme que, sans cet obstacle, il lui eût été possible de se procurer, qu'en se rendant complice de cette portion de malheur qui peut lui être infligée par autrui.

Quand la superstition, qui n'est que la fausse direction imprimée à la sanction religieuse, n'aurait pas d'autre résultat funeste que de qualifier de criminels des actes indifférents au bonheur de la société, de créer des crimes nouveaux et factices, de jeter parmi les hommes de nouvelles causes de division et d'amertume, lorsque celles qui existent par la nature même des choses, ne sont déjà que trop nombreuses ; la superstition n'eût elle que ce tort, c'en serait un immense et qui suffirait pour la faire considérer comme le plus grand fléau dont la malheureuse humanité puisse être affligée. En effet, elle affaiblit l'horreur que doivent inspirer les crimes véritables en la prodiguant pour des crimes imaginaires ; elle confond les idées du bien et du mal. C'est par là que les hommes, après avoir découvert le vide de ces dénominations dans leur application à plusieurs objets, se trouvent naturellement disposés à les croire également indifférentes dans toutes les applications.

S'il ne nous restait pas encore, à l'époque actuelle, une teinte de superstition, jamais nous n'aurions vu publier un ouvrage sous ce titre : « Des vices privés, considérés sous le point de vue de leur utilité publique. »

On remplirait un volume des témoignages des écrivains religieux sur la nécessité de fortifier de sanctions empruntées à d'autres sources, celles dont ils sont appelés à surveiller l'influence. Prenez l'exemple de Louis XI, de Philippe II, de Muley Ismaël, ces trois prodiges de dévotion, ces trois monstres de dépravation ; et, sans parler ici de l'empereur maure, les tyrans de France et d'Espagne étaient dévots à une religion qui, quelques devoirs additionnels qu'elle impose, prescrit du moins l'accomplissement de tous ceux qui sont essentiels à la conduite morale de la vie. Que contient cette religion ? des devoirs moraux utiles à observer, d'autres devoirs moraux inutiles, des cérémonies à accomplir et des dogmes à croire. Si dans toutes les communions chrétiennes les devoirs inutiles, les cérémonies, les points de dogme, n'entrent pas pour une proportion aussi considérable que dans celle à laquelle appartenaient ces deux hommes, il n'en est aucune néanmoins qui ne puisse voir naître dans son sein de tels monstres. L'exemple d'Henri VIII peut soutenir le parallèle.

Toute instruction qui contribue à fortifier l'attachement aux trois dernières de ces classes d'observances, contribue à affaiblir l'attachement à la première, c'est-à-dire aux devoirs moraux vraiment utiles ; ce sont trois branches dans un levier, placées du même côté du point d'appui, et ayant à fonctionner contre une branche placée au côté opposé. La dépression de cette branche unique suivra nécessairement l'élévation de chacune des trois autres.

À quoi faut-il attribuer l'inefficacité de la sanction religieuse ? Car si son pouvoir est ce qu'on nous le représente, ce doit être le plus influent des instruments, en tant que l'infini est plus grand que le fini, et que les peines et les jouissances qu'elle promet, l'emportent sur toutes les autres en permanence et en intensité. Et qu'il soit bien entendu, une fois pour toutes, qu'on ne se propose pas ici de supplanter son autorité, mais bien de fournir des forces auxiliaires capables d'ajouter à son influence. Les jouissances et les souffrances d'une vie future étant inaccessibles à l'expérience soit de nous, soit d'autrui ; personne n'étant encore venu raconter, pour l'instruction de ses semblables, ce qui lui était advenu par-delà la tombe, et personne n'ayant encore approprié cette instruction à son usage, ces jouissances et ces souffrances ne nous représentent rien que nous puissions rapporter à nos idées de peine et de plaisir. Leur distance étant éloignée, leur application à une action particulière étant incertaine et non médiate, leur caractère indéfini, leur opération invisible, il ne faut pas s'étonner qu'il leur arrive souvent de perdre de leur pouvoir en présence d'influences immédiates, certaines, palpables. Des événements placés si fort au-delà des limites de la vie et de la science ne sont pas, il faut en convenir, susceptibles de faire sur notre esprit une impression aussi vive que ce qui est placé à notre portée. Lorsque nous laissons derrière nous les objets les plus élevés et les plus sublimes, bien qu'ils soient substantiels, nous les voyons par degrés décroître, puis enfin disparaître dans l'éloignement ; il en est ainsi des craintes et des espérances solennelles que la religion fait briller à notre vue : leur influence s'affaiblit, et finit par se perdre dans le lointain de l'éternité.

La sanction religieuse serait beaucoup fortifiée par la croyance en une providence spéciale, croyance souvent proclamée, mais qui parait n'exercer qu'une faible influence sur ceux-là même qui la proclament. Si cette sanction existait, si l'intervention constante de la divinité suffisait pour punir et récompenser à propos les actions vicieuses ou vertueuses, il est évident que toute législation humaine serait de trop et déplacée ; pernicieuse lorsqu'elle ne serait pas inutile, inutile lorsqu'elle ne serait pas pernicieuse. La foi en une providence spéciale rendrait la sanction religieuse toujours présente ; mais nul n'a assez de confiance en cette foi pour abandonner la société à sa seule influence.

Une autre condition importante de l'efficacité d'un châtiment, c'est la célérité. Personne ne met sa main au feu ; pourquoi ? parce que la souffrance suit immédiatement l'action.

Il y a des maux qui suivent avec presque autant de certitude les actes destinés à les produire que la brûlure suit l'action de mettre sa main au feu ; cependant ces actes se commettent ; pourquoi ? parce que la conséquence pénale est éloignée.

Le délai permet aux obstacles d'intervenir ; toute diminution de célérité est donc nécessairement suivie d'une apparente diminution de certitude.

Et dans l'intervalle on a la chance de mourir, ce qui met à l'abri du châtiment pénal.

Et puis, la compassion a du temps pour opérer, pour empêcher ou adoucir la peine ; et la compassion détruit une portion des effets de cette dernière.

La sanction religieuse est éminemment inefficace sous le rapport de la célérité. Locke n'hésite pas à confesser l'inefficacité de la sanction religieuse, et il en donne en partie la raison. Les hommes, dit-il, n'y attachent pas assez d'importance pour en faire la règle de leur conduite, et il est dans leur nature d'en agir ainsi ; et cependant ils le *doivent*, et c'est folie à eux de ne pas le faire ; car, s'ils réfléchissaient mûrement, ils verraient que dans tout acte de transgression, la peine, tout compensé, doit être plus grande, et cela dans toute proportion donnée, que le profit du crime. Car les trésors de la justice divine étant supposés infinis, on doit supposer que ce que la peine a pu perdre de sa puissance en célérité, Dieu le compensera en intensité et en durée.

Il ne réfléchit pas que c'est la valeur apparente d'une peine, et non sa valeur réelle, qui constitue sa puissance sur l'esprit de l'homme ; et qu'aucune augmentation dans la quantité ne peut compenser la diminution produite par l'incertitude, la distance et le délai. C'est la foi dans la peine, et non sa réalité, qui opère salutairement; et la force de la sanction politique consiste en ceci, que la présence constante de la réalité donne la foi, et la rend efficace.

C'est par suite de semblables considérations, ou vaguement préoccupés de ce qu'elles ont de grave, et pour s'affranchir de l'embarras que leur cause l'inefficacité reconnue de la sanction religieuse isolée de toute autre, que quelques écrivains religieux (le docteur Price, par exemple) ont supposé que le châtiment est dû au crime, c'est-à-dire, au crime passé, non parce que c'est un moyen d'empêcher le crime, c'est-à-dire, le crime futur de la même espèce, mais parce que la chose est de droit. Ce droit, quand on l'examine, n'est autre chose que la disposition où se trouvent ces écrivains de croire ou de déclarer que tel délit doit être suivi de telle punition. Pour justifier cet arrangement dans lequel ni la sagesse ni la bienveillance ne peuvent avoir été consultées, ils n'essaient même pas d'assigner le moindre motif. A quoi bon ? La punition doit suivre et suivra, non qu'il en soit besoin, mais parce qu'ils l'ont ainsi décidé. Et la démonstration de leur proposition, vous la trouverez dans leur infaillibilité. Ils sont disposés, ils ne peuvent dire pourquoi, et ils ne consentiront pas à s'enquérir pourquoi, quoiqu'il en soit, ils sont disposés à croire cela ; par conséquent cela doit être. Cette robuste ignorance, ce rejet audacieux des moyens que fournit la science, à savoir les recherches et la logique, étant meilleurs et plus sûrs, à ce qu'il parait, que la science, devront la remplacer et usurper son nom. Quant à l'écrivain lui-même, la chose peut être excellente et lui convenir de tout point, si elle lui plait, et qu'il soit convaincu par elle. Mais à quoi bon la mentionner ou essayer de l'imposer aux autres ? Quel bien peut-il en résulter ? C'est ce qui mériterait bien aussi quelque considération. Si celui à qui la chose est présentée partage déjà cette opinion, elle ne peut lui être d'aucune utilité. Mais s'il pense d'une manière diamétralement opposée, elle ne fait rien pour lui ; elle ne lui donne même pas, et ne prétend pas lui donner le moindre motif pour changer de sentiment.

Ces considérations, qu'on ne l'oublie pas, sont tout-à-fait en dehors de la révélation. On affirme, sans s'appuyer sur aucune autorité révélée, qu'il y a, dans la divinité, une disposition à produire une peine sans *but*, et sans qu'il en résulte aucun bien.

On affirme même que c'est là le vrai moyen de prouver les qualités morales de la divinité ; et ce sont ses qualités morales ainsi décrites qui doivent servir à prouver la révélation.

Que tous ces sophismes sont funestes ! Combien on nuit aux bienfaisantes influences de la sanction religieuse, en la mettant en contradiction, en opposition avec tous les motifs avérés des actions, toutes les lois de l'expérience, toutes les influences de peine et de plaisir ! Et en quoi se résout toute cette théorie ? En affirmations vagues, en théories, en théories dogmatiques.

Il est une classe d'ecclésiastiques qui ont toute autre chose en vue que le développement et l'exercice de la raison. Leur tâche à eux, leur occupation constante, est de l'asservir, de la fouler aux pieds. Ils n'oseraient encourager la pensée, ou tendre une main amie à la philosophie : ils n'ont garde ! Ceux d'entre eux qui sont doués de discrétion et de prudence (et les autres suivent par instinct), ceux-là savent qu'il est une puissance en hostilité naturelle avec eux, et qui, exercée d'une manière libérale et universelle, amènerait infailliblement leur défaite. Ils se rappellent la fable de l'homme et du serpent, et ils en font une juste application.

Ils savent, et ils voient avec horreur et confusion, combien la vraie science est propre à révolter les hommes contre leurs doctrines. Cette expansion de l'âme que son acquisition procure, ces habitudes d'investigation que sa culture fait naître, sont mortelles aux doctrines mensongères dont leurs systèmes sont étayés.

Ils savent qu'ils ont tout à craindre de la philosophie, et c'est pour cela qu'il n'est pas un sentier auquel ils n'appellent les hommes de préférence à celui de la science morale ; car de tous les sentiers, ils préfèrent voir les hommes s'engager dans celui qui, serpentant au pied de la montagne, et dérobant à la vue les approches de son sommet, offre partout des fleurs aux regards fascinés du voyageur, et le retient à la base en prolongeant inutilement sa route.

Telle est la carrière de la littérature classique. Là croit le lotus qui a fixé les pas de plus d'un jeune aventurier dans ces régions de stérile beauté, et lui a fait boire l'oubli d'une plus noble gloire.

Si, après tout, Dieu est infiniment sage et infiniment bon, que peut-on faire qui lui soit plus agréable que d'obéir à ses lois qui ne peuvent avoir d'autre objet que ce qui constitue le grand, le nécessaire, le seul résultat de la sagesse et de la bonté, à savoir la production du bonheur ? Ce que nous devons à Dieu n'est-il pas nécessairement contenu dans le cercle de nos devoirs envers la race humaine, nous-mêmes y compris ? Et s'il y a plus de bienveillance que d'orgueil dans les attributs de sa nature divine, nos devoirs envers nos frères ne doivent-ils pas à ses yeux passer avant ce que nous lui devons à lui-même ? Nos obligations à son égard peuvent-elles être plus urgentes que celles qu'il nous a imposées envers la grande famille des hommes ?

Prouver que le souverain être a prohibé le plaisir, ce serait accuser, nier et condamner sa bonté ; ce serait mettre notre expérience en opposition avec sa bienveillance.

Que telle ou telle chose soit une cause de peine ou de plaisir, c'est là un point de fait et d'expérience ; que Dieu en ait défendu l'usage, c'est là une matière hypothétique et purement conjecturale.

Que l'usage en ait été permis par celui qui pouvait l'empêcher d'être, si cela lui eût convenu, c'est un point de fait et d'expérience ; que la chose soit interdite par des raisons autres que celle tirée de son impropriété, c'est une matière encore d'hypothèse et de conjecture.

Il faut avoir convaincu un homme sur une infinité de points avant d'arriver à lui persuader d'une manière satisfaisante qu'un plaisir quelconque, qui n'a rien d'impropre, peut avoir été interdit par ce même Dieu qui en a mis la capacité et le désir dans notre constitution physique et intellectuelle.

Quelles que soient les preuves que l'on produise à l'appui de cette prohibition par l'Être-Suprême, on n'aura réussi à prouver qu'une chose, c'est l'incompatibilité d'une telle défense avec la bienveillance divine.

Les idées généralement répandues sur une vie future, ne sont ni consolantes pour la bienveillance, ni encourageantes pour la vertu.

Le nombre de ceux qui doivent jouir de ce bonheur à venir est si petit, comparé à ceux qui sont dévoués à un malheur éternel, que le probabilité qui se présente à chaque homme, avant tout examen, relativement aux moyens qu'il a de faire son salut, est naturellement pour la chance contraire.

Cette chance n'est pas rendue pour lui beaucoup plus favorable par la considération de la possibilité qu'il a, par des moyens dépendants de sa volonté propre, de s'assurer une place parmi les élus.

Dans le système de la prédestination, il n'a point cette possibilité ; la chose est déjà décidée ; elle l'était avant sa naissance : son sort dépend d'événements qu'il ignore, et qui sont hors de la sphère de son influence ; c'est pourquoi, la chance qu'il a d'échapper au malheur est dans la proportion du nombre de ceux qui doivent être heureux, comparé au nombre de ceux qui sont destinés au malheur ; et en supposant que le nombre des heureux est à celui des malheureux comme un est à dix, il y a à parier dix contre un qu'il sera dans la catégorie des malheureux.

En rejetant la prédestination, et en admettant la théorie commune sur les peines futures, on est obligé de convenir que, quelques moyens qu'ait un homme d'échapper au malheur à venir, tout autre homme a les mêmes moyens ; et cependant il doit y avoir bien plus de malheureux que d'heureux.

Continuons. On dit que les moyens d'éviter le malheur futur consistent dans la foi et dans les bonnes œuvres, soit séparés, soit réunis.

Quant à la foi, malgré tous les sophismes et toute l'adresse employés à déguiser la vérité, il n'est personne qui ne se soit quelquefois aperçu que la faculté de croire n'est point en sa puissance ; que de même qu'il lui est impossible de croire que ce qui lui paraît blanc est noir, de même il lui est impossible d'ajouter foi à une chose quand il voit des motifs plus grands de croire le contraire.

Pour ce qui est des bonnes œuvres, pour les prendre dans leur plus large acception, elles consistent à éviter les mauvaises actions et à en faire de bonnes.

Et comment, après tout, déterminer ce qui est bien ou ce qui est mal, si ce n'est par le principe de l'utilité ?

Quelle assurance peut obtenir un homme d'être sauvé par ses actes ? Dans quelle proportion doivent être, en nombre et en qualité, les mauvaises actions évitées aux mauvaises actions commises, ou les bonnes actions accomplies aux bonnes actions omises ? C'est ce que nul ne saurait dire.

Un homme qui aurait dix chances d'avoir un revenu perpétuel de deux cent cinquante mille livres, contre une chance d'avoir un accès perpétuel de la colique ou de la pierre, ne serait pas très rassuré, et se trouverait sans aucun doute eu proie à une anxiété cruelle. Mais ici il y a dix chances, peut-être cent, peut-être mille, pour la colique et la pierre ; il n'y en a qu'une pour le revenu de deux cent cinquante mille livres.

On peut conclure de là que, quels que soient les sanctions ou les motifs de vertu que présentent les opinions communément adoptées sur une vie future, on ne peut les trouver que dans la partie de ces opinions qui s'accorde avec le principe déontologique ; que les doctrines généralement professées sont incompatibles avec ce principe, incompatibles avec le bonheur de l'homme, et ne peuvent par conséquent être fondées en vérité.

Rien n'est plus éloigné de l'intention et des convictions de l'auteur de cet ouvrage, que de nier l'existence d'un système de récompenses et de châtiments à venir, dont l'objet serait de maximiser le bonheur, et de mettre en évidence les attributs de la bienveillance divine. On ne se propose ici que de démontrer, dans certains cas spéciaux, combien certaines opinions orthodoxes sont en contradiction avec les vrais principes de la morale, et incompatibles avec la production et l'augmentation de ce bonheur, qui est le but que la morale doit se proposer.

La sanction religieuse est et ne peut être fondée que sur les attributs moraux de la Divinité, et ces attributs ne peuvent être contraires au bonheur de l'homme.

La justice n'est utile qu'autant qu'elle a la bienveillance pour compagne.

La justice est un des moyens destinés à accomplir l'objet que la bienveillance se propose.

Si Dieu est juste, c'est parce qu'il est bienveillant.

S'il n'existe pas d'être bienveillant qui veille sur nous, nous devons veiller sur nous-mêmes. Nous devons, autant qu'il est en nous, nous créer notre propre bonheur. Quelle autre ressource nous est laissée ?

Si un être suprême veille sur nous, et qu'il ne soit pas bienveillant, dès lors il n'est pas juste ; dès lors il est inutile de nous enquérir de ce qui lui plaît, on déplaît, non plus que des moyens de lui plaire : notre sagesse doit consister à nous plaire à nous-mêmes.

Jeremy Bentham

S'il existe un être bienveillant, qui veille sur nous, qui punit et récompense d'une manière conforme à sa bonté, nous ne saurions lui déplaire en cherchant, autant qu'il est en nous, à nous rendre heureux ; car, par bienveillance, nous entendons la disposition à contribuer au bonheur de l'homme, ou ce mot n'a plus de sens ; et l'amour et le respect que nous témoignons à Dieu est en raison de la conviction que nous avons de sa bienveillance.

Nous allons essayer d'indiquer, par un exemple, la manière dont les diverses sanctions opèrent sur la conduite de l'homme.

Timothée et Walter sont deux apprentis. Le premier est imprudent et étourdi ; l'autre est prudent et sage. Le premier se livre au vice de l'ivrognerie ; le second s'en abstient. Voyons maintenant les conséquences.

1. Sanction physique. Un mal de tête punit Timothée de chaque excès nouveau. Pour se refaire, il se met au lit jusqu'au lendemain ; sa constitution s'énerve par ce relâchement ; et, quand il retourne au travail, son ouvrage a cessé d'être pour lui une source de satisfaction.

Le sage Walter a refusé de l'accompagner dans ses orgies. Sa santé, d'abord faible, s'est fortifiée par la tempérance. A mesure que ses forces physiques augmentent, il trouve plus de saveur aux jouissances qu'il goûte. La nuit, son sommeil est tranquille ; le matin, il est heureux à son réveil ; il se plais à son travail.

2. Sanction sociale. Timothée a une sœur qui prend un vif intérêt à son bonheur. Elle lui fait d'abord des reproches, puis le néglige, puis l'abandonne. Elle était pour lui une source de bonheur. Cette source, il la perd.

Walter a un frère qui d'abord ne lui témoignait qu'indifférence. Ce frère a suivi des yeux sa conduite ; maintenant il commence à s'intéresser à son bien-être. Cet intérêt s'accroît de jour en jour. Enfin il vient le visiter fréquemment ; il devient pour lui plus qu'un ami, et lui rend mille services que nul autre n'eût pu lui rendre.

3. Sanction populaire. Timothée était membre d'un club riche et respecté. Un jour il s'y rend en état d'ivresse ; il insulte le secrétaire, et est expulsé par un vote unanime.

Les habitudes régulières de Walter avaient attiré l'attention de son maître. Il dit un jour à son banquier : Ce jeune homme est fait pour quelque chose de plus élevé. Le banquier s'en souvient, et à la première occasion, il l'emploie dans sa maison. Son avancement est rapide ; sa position devient de plus en plus brillante ; et des hommes riches et influents le consultent sur des affaires de la plus haute importance.

4. Sanction légale. Timothée sort brusquement du club dont il a été expulsé ignominieusement. Dans la rue, il insulte un passant, et sans argent, sans ressource, s'enfuit dans la campagne. Ne respectant plus rien, il arrête et dévalise le premier voyageur qu'il rencontre. Il est pris, mis en jugement, et condamné à la déportation.

Walter est devenu l'objet de l'approbation unanime de ses concitoyens. Leur vœu l'appelle aux fonctions de la magistrature élective ; il s'élève aux plus grandes dignités ; il préside même au jugement de son camarade Timothée, qu'il ne peut reconnaître, tant les années et la misère l'ont défiguré.

5. Sanction religieuse. En prison, et à bord du navire qui le transporte à Botany-Bay, l'esprit de Timothée est effrayé et affligé par la crainte des peines d'une vie future. Un dieu vengeur et irrité est constamment présent à sa pensée, et l'effroi que lui inspire la Divinité l'emplit d'amertume chacun de ses jours.

Pour Walter, la contemplation d'une vie future ne lui communique que des sentiments de satisfaction et de paix. Il se complaît à penser aux attributs bienfaisants de la Divinité ; et cette conviction lui est toujours présente, que cette vie à venir ne peut qu'être heureuse pour l'homme vertueux. Grande en effet a été la somme de plaisir que lui a valu son existence, et grande la somme de bonheur qu'il a communiquée à ses semblables.

Chapitre VIII
Des causes d'immoralité

Nous avons, dans ce qui précède, jeté un coup d'œil sur les causes d'immoralité. On peut les comprendre sous les divisions suivantes : faux principes en morale, application erronée de la religion, préférence accordée à l'intérêt personnel sur l'intérêt social, et enfin préférence donnée à un plaisir moindre, mais présent, sur un plaisir plus grand, mais éloigné.

Les faux principes en morale peuvent être compris dans l'une ou dans l'autre de ces deux divisions, l'ascéticisme et le sentimentalisme, qui, tous deux, demandent le sacrifice du plaisir sans utilité, et sans avoir en vue un plaisir plus grand. L'ascéticisme va plus loin que le sentimentalisme, et inflige une peine inutile. Tous deux évitent de produire des raisons, et agissent, en tant que possible, sur les affections : l'ascéticisme, généralement, sur les antipathies par la crainte et la terreur ; le sentimentalisme, sur les sympathies. Tous deux tendent à faire envisager les règles de morale comme inutiles, et à confirmer les hommes dans cette idée que la mauvaise morale est pour la pratique, la bonne pour en faire parade et servir de texte au discours. Tous deux évitent l'application du critérion de la moralité ; et là où leur exercice est au plus haut point, la moralité est à son degré le plus bas : l'ascétisme s'allie alors étroitement à la misanthropie, le sentimentalisme à l'impuissance. La fausse morale ne peut jamais être cultivée qu'aux dépens de la morale véritable.

Du principe ascétique ou de l'antipathie naît le désir de punir par vengeance, de faire servir la punition d'instrument à l'aversion. Les hommes punissent parce qu'ils haïssent, et ils s'imaginent que la loi elle-même n'est que le ministre des vengeances de la loi. Plus intense est leur haine, plus ils sont disposés à rendre rigoureux le châtiment qu'ils infligent à ceux qui en sont les objets. On leur dit qu'ils doivent haïr le crime : on leur en fait un mérite. Punir le crime est un mérite plus encore peut-être qu'une nécessité. Les hommes doivent le haïr et le punir ; c'est parce qu'ils haïssent qu'ils désirent punir. Comment puniraient-ils donc autrement qu'ils ne haïssent ? Plus ils sont disposés à haïr, plus ils le sont à punir. Comment s'en étonner ? Il semble qu'il ne doive en résulter aucun mal. Il y a plus, très souvent il n'en résulte aucun mal, parce qu'il est vrai que, dans beaucoup de cas, les causes de haine et la nécessité de punir, les causes qui font naître la haine et les motifs qui rendent le châtiment nécessaire, augmentent simultanément.

Si, dans certains cas, la quantité de châtiment est plus grande qu'il n'est nécessaire ; si la peine dépasse la proportion de l'acte qu'elle est destinée à réprimer, c'est par la raison ou qu'il y a trop de châtiment là où il en faudrait une moindre quantité, ou qu'il y en a dans une certaine proportion là où il n'en faudrait point du tout. Lorsqu'un homme fait un acte que je hais, quel mal y a-t-il à ce qu'il souffre ? Quel mal y a-t-il à faire souffrir l'homme que je hais ? Si l'homme que je hais a mérité sa peine, qu'importe, lorsqu'il souffre, que ce soit un peu plus ou un peu moins ?

Ainsi raisonne la foule.

Comment puniraient-ils si ce n'est comme ils haïssent ? Quel autre guide pourraient-ils suivre que leur haine ? C'est le guide le plus sûr, du moins au cas particulier auquel il s'applique, bien que ses décisions soient sujettes à varier d'un cas à un autre. Quel guide plus sûr ? Pour savoir s'ils haïssent une action, pour savoir laquelle de deux actions ils détestent le plus, qu'ont-ils à faire, si ce n'est de consulter leurs sentiments ?

Quel critérion adopteront-ils ? Celui-ci ou rien. Car si nous en exceptons quelques phrases par-ci par-là, tombées comme par hasard, aucun autre n'a été présenté jusqu'à ce jour. On en a mis en avant ici un, là un autre ; mais ceux-là mêmes on ne les a pas éprouvés à la pierre de touche de l'utilité ; ils ne s'adaptent pas solidement. Personne n'a essayé de leur tracer leurs limites respectives, et d'en composer un tout homogène.

Comment alors s'étonner que l'ignorance du seul vrai critérion du bien et du mal produise l'immoralité ? Comment s'étonner que des hommes, esclaves de leurs préjugés et de leurs passions, en fassent la règle de leur conduite ? Et tandis que d'un côté l'antipathie inflige d'injustes châtiments, il est naturel que, d'autre part, la sympathie épargne au coupable le blâme mérité.

Cette tendance à faire de nos antipathies et de nos prédilections la règle de la morale, est facilement encouragée en écartant la règle que fournit l'utilité. De là, ceux qui redoutent la lumière que ses rayons projettent sur les *actions* humaines, ne manquent pas de lancer leurs disciples à la poursuite de cet être de raison, insaisissable, fugitif, qu'ils appellent *motif*; abstraction ténébreuse, inabordable, et qui, si l'on pouvait la saisir et la produire au grand jour, ne pourrait être d'aucun usage.

La recherche des motifs est une des causes qui contribuent le plus à égarer les hommes dans l'investigation des questions de morale.

Jeremy Bentham

Cette recherche, on la fonde sur une notion vague, que c'est dans l'origine de l'action, plutôt que dans l'action elle-même, que se trouve la quantité et la qualité véritable du vice et de la vertu. Mais tout le temps employé à cette recherche est du temps perdu. Tous les motifs sont bons, abstractivement parlant ; tous ont pour but de rechercher le plaisir et d'éviter la peine. Les hommes n'en ont, ne peuvent et ne pourront jamais en avoir d'autres. Le motif qui ne produit aucun acte est immatériel et purement spéculatif ; il n'offre matière ni d'éloge ni de blâme. Mais quels que soient les motifs, et ils seront toujours identiques, savoir, la recherche du plaisir et l'éloignement de la peine, ce n'est pas eux que le moraliste est appelé à juger ; c'est à la conduite seule qu'il s'adresse, la conduite quand ses conséquences atteignent les régions de la souffrance et de la jouissance ; partout ailleurs, son intervention serait du despotisme.

Après l'application erronée des faux principes de morale, l'application fausse de la religion doit être rangée parmi les causes d'immoralité. On reconnaîtra cette fausse application toutes les fois qu'on verra ses sanctions appliquées à la diminution de la somme de plaisir ou à la production d'une somme de peine. Et il ne saurait y avoir de plus forte preuve de la vérité ou de la fausseté d'une religion, que la mesure dans laquelle elle est favorable ou hostile au bonheur des hommes. Comprendre la religion, c'est comprendre la volonté de Dieu. Au nombre des attributs de Dieu est la bienveillance, non imparfaite, limitée, mais infinie. Et il ne peut être bienveillant qu'en proportion de la quantité de bonheur dont il veut voir jouir les hommes soumis à sa puissance. Et si ce bonheur n'est pas un vain mot, de quoi peut-il se composer, si ce n'est de plaisir ? Quel que soit ce plaisir, le supprimer sans le remplacer par un plaisir plus grand ou le contre-balancer par une peine plus qu'équivalente, ce ne saurait être là un acte de bienveillance. Dire d'un être qu'il est bienveillant, et le représenter produisant ou tendant à produire une somme de mal, c'est employer des termes contradictoires ; car il n'y a pas de phraséologie qui puisse changer la nature des choses. On ne change la nature ni des actions ni des personnes en employant des termes qui les désignent faussement. Appelez un coup de poignard un baiser, vous n'en ferez pas pour cela un acte affectueux.

Établir une distinction entre les attributs de Dieu et les attributs de l'homme ; dire que la bienveillance de Dieu, bien que différant de celle de l'homme, n'en est pas moins bienveillance, c'est se moquer. D'où le terme bienveillance a-t-il tiré sa signification, si ce n'est de son application à la conduite et aux sentiments de l'humanité ? Quel qu'il soit, un effet est toujours le même ; il est toujours lui, quel qu'en soit l'auteur ou la cause. Imputer à Dieu, sous le nom de bienveillance, ce qui dans l'homme ne serait pas de la bienveillance, ce n'est autre chose qu'une fraude dans celui que la cruauté ou les préjugés n'aveuglent pas. C'est vendre un serpent pour un poisson. Est-ce qu'un scorpion serait inoffensif parce qu'on l'appellerait vers à soie ?

Et ce qui est vrai d'un attribut ne peut être que vrai de tout autre. Tout autre être que l'homme peut-il être juste autrement que n'est l'homme ? Il en est de même de la science, de la véracité, de la puissance. D'où est venue l'idée de justice, l'idée pour laquelle le mot justice a été trouvé, sinon de l'observation de la conduite et des sentiments des hommes ?

Notre objet n'est pas d'explorer ici cette portion du domaine de la pensée qu'occupe la religion, en tant que séparée de la morale. La morale, non la religion, forme le sujet de cet ouvrage. La discussion religieuse serait ici superflue et déplacée.

C'est en grande partie la tâche des gouvernements d'empêcher, comme cause d'immoralité, l'intérêt privé de prévaloir sur l'intérêt social. Une sage législation doit tendre à n'en faire qu'un intérêt unique, et à faire accorder les sanctions populaire et politique. Cet accord est fortifié par toute bonne loi, affaibli par toute loi mauvaise. Par exemple, une pénalité légale attachée à l'accomplissement d'un acte dans lequel l'intérêt d'un homme marche d'accord avec l'intérêt public, comme lorsqu'on prohibe la circulation de ce qui est un instrument de jouissance ou un objet de désir légitime, une telle pénalité non seulement produit l'immoralité, non seulement offre une prime à l'immoralité, mais encore détruit la puissance de la sanction politique, en la séparant de l'intérêt populaire. Néanmoins ce sujet appartient plutôt à la Déontologie publique qu'à la Déontologie privée, et c'est de cette dernière seule que nous nous occupons dans cet ouvrage.

Il n'est pas inutile cependant de remarquer que cette opposition entre l'intérêt public et des intérêts funestes que la législation ne protège que trop souvent, produit fréquemment la misère et l'immoralité à un degré et dans une étendue véritablement effrayante. Dans plusieurs pays, il résulte souvent des règlements fiscaux et des monopoles établis par la loi, que le violateur de la lettre de la loi peut être considéré comme un bienfaiteur public. Il est des cas où la sanction populaire est blessée par la sanction politique, et la sanction populaire, en conséquence, prend sous sa protection des actes que la sanction politique considère comme des délits ou des crimes passibles de peines plus ou moins sévères. La victoire obtenue sur le despotisme par le grand nombre contre le petit nombre ou contre un seul, est la victoire de la sanction populaire sur la sanction politique. Chaque pas fait dans la voie du perfectionnement social, par les gouvernés contre le vœu des gouvernements, constitue un triomphe du même genre. En un mot, ce qui constitue un bon gouvernement, c'est l'harmonie établie entre la législation et l'opinion éclairée ; mais cette matière est trop vaste pour que nous la discutions ici.

La dernière cause d'immoralité dont il nous reste à parler est la disposition qui fait qu'on préfère un bien moindre, mais présent, à un plus grand, mais éloigné ; qu'on évite un mal moindre dans le présent, au risque ou avec la certitude d'un mal plus grand dans l'avenir. Ce sujet réclame une attention toute particulière.

Il faut rapporter la source de cette erreur à une éducation défectueuse sous le point de vue intellectuel et moral. On peut définir le vice, un faux calcul des probabilités, une estimation erronée de la valeur des plaisirs et des peines. C'est une arithmétique morale fautive, et nous avons la consolation de savoir que, par l'application d'un juste critérion, il est peu de questions morales qui ne puissent être résolues avec une exactitude et une certitude qui approchent beaucoup de la rigueur d'une démonstration mathématique.

Chapitre IX
Analyse de certaines locutions
par le principe déontologique.

Il est des termes fréquemment employés par le législateur et le moraliste, qui paraissent demander quelques mots d'explication. Lorsqu'ils sont subordonnés au principe déontologique, le principal inconvénient qui résulte de leur emploi est celui-ci, qu'on pourrait trouver des expressions plus parfaites et plus convenables ; en sorte que c'est une perte inutile de mots et un détour que l'on fait pour arriver à la vérité. Cependant quelques uns de ces termes ont pris possession si complète du domaine de l'expression ordinaire, qu'il serait presque inutile d'essayer de les déplacer. En fait, l'imperfection générale du langage est l'un des plus grands obstacles aux progrès de la philosophie. C'est avec une extrême difficulté qu'on trouve des termes convenables pour exprimer des idées justes. Le langage reste en arrière de la science, et trop souvent lui refuse son aide. Les innovations introduites par la philosophie dans le langage sont lentes et difficiles. La philologie ne se fait faute de refuser le secours des autres sciences. Elle s'enorgueillit de sa pauvreté et cela est d'autant plus à regretter, que toutes les langues ont pris naissance à une époque où la culture morale et intellectuelle n'était encore que dans son enfance. Un temps viendra, il faut l'espérer, où la morale, comme la chimie, créera son vocabulaire.

Rien de plus fatal que l'emploi erroné ou plutôt l'abus du langage. Il arrive fréquemment que la même phraséologie sert à exprimer les qualités les plus opposées. Si l'innocence avait un langage qui lui fût propre, elle ne le garderait qu'un moment : le moment d'après, le vice l'aurait usurpé.

Le mot *principe* est fréquemment employé pour exprimer les qualités morales. On dit un homme à principes, un homme sans principes, un homme à mauvais principes. Qu'entend-on par là ? sur quoi se base l'estime qu'on fait d'un homme qui a la réputation d'agir par principes ? C'est qu'on suppose qu'il s'est tracé de certaines règles de conduite, en conformité desquelles il agit constamment. Cela serait bien si ces règles de conduite étaient bonnes, si elles avaient pour objet et pour but le bien-être général.

Mais supposons-les mauvaises et n'ayant pas pour objet le bien-être général ; sans doute, cet homme ne mérite pas notre approbation. On dit qu'un homme agit par principes, lorsqu'il suit avec persévérance une ligne de conduite qui lui est propre, sans se laisser détourner de sa voie par des attractions quelconques ; ces attractions sont des tentations présentées sous forme de plaisirs à

Jeremy Bentham

goûter immédiatement, ou de peines immédiates à éviter, et nul doute qu'il ne sache surmonter ces attractions en proportion de sa force à renoncer à ces plaisirs et à endurer ces peines. Mais si l'effet de sa résistance est de diminuer la somme de bonheur, si ses règles de conduite ne sont pas conformes aux prescriptions de l'utilité, ses principes, ou en d'autres termes son obstination, seront inutiles ou nuisibles en proportion de leur éloignement de la loi déontologique. C'est en faisant contraste avec l'homme sans principes que l'homme à principes obtient l'approbation. L'homme sans principes, est celui qui, sans égard aux conséquences, laisse diriger sa conduite aux impulsions du plaisir présent ou à la crainte de la peine présente ; tandis que l'homme à mauvais principes, est celui qui s'est fait une loi de ne jamais prendre en considération le bien-être d'autrui ; comme, par exemple, lorsqu'il se décide à faire du mal à tout homme dont l'opinion, en certaines matières, diffère de la sienne. Dans ce cas, ceux qui ne l'imitent pas dans l'observance de cette règle qu'il s'est faite, s'accordent à lui donner le titre d'homme à mauvais principes ; il est possible que l'homme à mauvais principes, soit moins dangereux que l'homme sans principes. L'un n'admettra de règles de conduite que subordonnées aux fins qu'il se propose : il n'a pas de principes qui l'en empêche ; l'autre peut avoir quelque bon principe dont l'opération corrige ou contre-balance les mauvais. En outre, il se peut que le mauvais principe demeure inerte, faute d'excitation ou d'occasion de s'exercer, tandis que l'homme sans principes est ouvert à toutes les impressions.

Le *droit* est, en général, la reconnaissance par la loi de quelque titre réclamé par un ou plusieurs individus ; c'est une chose à l'exécution de laquelle la puissance légale prête l'appui de sa sanction. Il n'entre que peu dans le domaine déontologique, où l'on s'occupe principalement d'une répartition convenable des obligations. La Déontologie s'efforce de donner à l'obligation l'efficacité de l'action ; et là où différentes obligations se contredisent, elle détermine laquelle doit prépondérer. Il est vrai qu'à la sanction légale est attachée l'obligation, obligation dans la forme la plus parfaite, obligation coexistante avec le droit ; mais il arrive quelquefois que l'obligation produite par la sanction légale est détruite par la sanction déontologique ; dans le cas, par exemple, où l'infraction d'une loi produirait plus de bien que son observance.

Les réclamations de droits peuvent quelquefois se ranger parmi les plus extensivement funestes de toutes les sources d'action ; c'est ainsi que le droit de commander a été la base de crimes et de malheurs sans fin, a servi de prétexte au meurtre et au brigandage sur la plus vaste échelle. Ce peut être une convoitise du caractère le plus coupable et le plus horrible ; et cependant des hommes, comme le prince de Condé, l'ont regardée comme propre à servir d'exemple et de sanction à toutes les iniquités.

Ce droit, abandonné à lui-même, déchaîné sur le monde sans être retenu par la puissance déontologique dans ses limites naturelles, est une des prétentions les plus funestes à la race humaine. En politique, il sert de base au despotisme avec toutes ses horreurs ; en religion, à la persécution ; dans le domaine populaire, à l'injustice ; sous le toit domestique, à la tyrannie paternelle et maritale.

Subordonné à l'utilité, point d'objection au mot ou à la chose. Ce qui est utile est de *droit* ; le droit résulte de l'application du principe de la maximisation du bonheur. Point d'argumentation qui puisse ébranler un tel droit ; mais il ne faut le présupposer dans aucun cas donné. Pesez les peines, pesez les plaisirs ; et selon que les bassins de la balance inclineront d'un ou d'autre côté, la question du tort et du droit devra être décidée.

La *conscience* est une chose fictive dont on suppose que le siège est dans l'âme : une personne consciencieuse est celle qui, s'étant fait une règle de conduite, s'y conforme exactement. Dans le langage ordinaire, on entend que cette règle de conduite est la bonne ; mais ce n'est qu'autant que cette règle est conforme aux principes de l'utilité qu'on peut qualifier une conviction de vertueuse. Toutes les fois que cette conviction prend une direction opposée au bien-être général, elle est nuisible en proportion de l'influence qu'elle exerce.

On entend quelquefois par bonne et mauvaise conscience, ce tribunal intérieur auquel un homme soumet le mérite de ses actions, et la récompense ou le châtiment qu'il y attache. Une bonne conscience, c'est l'opinion favorable qu'un homme conçoit de sa propre conduite ; une mauvaise conscience, c'est le jugement défavorable qu'il porte sur lui-même. Mais la valeur de ce jugement doit dépendre entièrement de sa conformité, ou plutôt de son application au principe de la maximisation du bonheur.

Chapitre X
Définition de la vertu.

La vertu est le chef d'une famille immense dont les vertus sont les membres. Elle représente à l'imagination une mère que suit une nombreuse postérité. Le latin étant la source d'où le mot est dérivé, et ce mot étant du genre féminin, l'image qui s'offre naturellement à l'esprit est celle d'une mère entourée de ses filles. Une appellation entraîne une idée d'existence; mais la vertu est un être de raison, une entité fictive [1] , née de l'imperfection du langage, du langage créé longtemps avant que les phénomènes de l'âme fussent étudiés et compris.

Ce mot de vertu n'est pas susceptible d'admettre ce qu'on entend communément par définition, laquelle doit toujours se rapporter à quelque appellation générique qui l'embrasse. Par le moyen de ses dérivés on peut néanmoins l'expliquer, et ces mots : *Action vertueuse, Habitude vertueuse, Disposition vertueuse*, présentent à l'esprit une idée assez déterminée.

Quand un homme dit d'un acte qu'il est vertueux, il veut seulement exprimer son opinion, que cet acte mérite son approbation ; et alors arrive la question : Sur quelle base se fonde cette opinion ?

En y faisant attention, on se convaincra que cette base diffère et change d'un lieu à un autre, en sorte qu'il serait bien difficile de faire une réponse satisfaisante. Si les réponses sont exactes, elles

1 Quoi ! dira-t-on peut-être, nier l'existence de la vertu ! La vertu est un vain mot ! La vertu n'est rien ! Quel blasphème ! Quelle opinion cet homme doit avoir de la nature humaine ! Quel bien, quelle instruction utile en attendre, sinon de la plus pernicieuse espèce ? Si la vertu est un être imaginaire, il doit en être de même du vice ; ainsi tous deux seront placés au même niveau, tous deux, produits de l'imagination, tous deux objets d'indifférence ! C'est ainsi souvent qu'une nouvelle formule est traitée, blâmée et rejetée ; mais l'esprit ne peut se former aucune idée claire et positive que lorsqu'il a séparé le réel du fictif. La fiction est un instrument que l'état imparfait du langage oblige à employer pour exprimer des réalités. Les actions vertueuses, les inclinations vertueuses, sont des choses existantes, et, pour toutes les nécessités pratiques, le résultat est le même. Deux personnes peuvent employer une phraséologie bien différente, et vouloir dire la même chose.

différeront ; et pour les réunir toutes, compliquées et innombrables qu'elles sont, il faudrait se livrer à des recherches infinies dans le domaine de la géographie et de l'histoire. Et c'est ainsi que, lorsqu'on demande pourquoi un acte est vertueux, ou ce qui constitue la vertu d'un acte, la seule réponse à une question aussi importante sera, si on l'examine bien : Cet acte est vertueux parce que je pense qu'il l'est, et sa vertu consiste en ce qu'il a en sa faveur ma bonne opinion.

Ici nous entrons sur un nouveau terrain. L'approbation sera déterminée par la tendance d'une action à accroître le bonheur ; la réprobation, par la tendance d'une action à diminuer le bonheur.

Essayons de donner à ce principe tous ses développements. Toutes les fois qu'il y aura une portion de bonheur, quelque petite qu'elle soit, sans aucun mélange de mal, il y aura lieu à approbation, quoiqu'il n'y ait pas nécessairement évidence de vertu. La vertu suppose un effort, la conquête d'un obstacle ayant une somme de bonheur pour résultat. Il peut y avoir, il y a en effet, beaucoup de bien dans le monde qui n'est le résultat d'aucune vertu. Mais il n'y a pas de vertu là où il n'y a pas un excédant définitif de bonheur.

L'aptitude à produire le bonheur étant le caractère de la vertu, et tout bonheur se composant de notre bonheur à nous et de celui d'autrui, la production de notre bonheur est de la prudence ; la production du bonheur d'autrui est de la bienveillance effective. L'arbre de la vertu est ainsi divisé en deux grandes tiges, sur lesquelles croissent toutes les autres branches de la vertu.

Depuis le temps d'Aristote, quatre vertus, la Prudence, la Fortitude, la Tempérance et la Justice, ont pris le nom de vertus cardinales, du mot latin *cardo*, gond ; car c'est sur elles que toutes les autres vertus s'appuyaient, comme les portes sur leurs gonds. Mais en est-il ainsi en réalité ? Aucunement. On a oublié d'inscrire sur cette liste la Bienveillance, la Bienveillance effective ; et à sa place nous ne voyons que la Justice, qui n'est qu'une portion de la Bienveillance sous une autre dénomination.

Dans cette liste nous voyons trois vertus qui ne se réfèrent qu'à l'homme vertueux lui-même ; et pour le reste du genre humain, on ne nous donne qu'une vertu qui n'est elle-même qu'une très petite fraction de vertu.

Jeremy Bentham

Quoi qu'il en soit, on se convaincra bientôt que ce n'est que par référence aux peines et aux plaisirs qu'on peut attacher une idée claire aux mots de vertu et de vice. Quelque familières que ces dénominations soient à notre oreille, tout ce qui, dans leur signification, ne peut être ramené sous la loi de leur relation avec le bonheur et le malheur, continuera et doit continuer à rester indécis et confus.

Un acte ne peut donc être qualifié de vertueux ou de vicieux, qu'en tant qu'il produit du bonheur ou du malheur. La vertu et le vice sont des qualités inutiles, à moins d'être estimées par leur influence sur la création du plaisir et de la peine ; ce sont des entités fictives dont on parle comme de choses réelles, afin de rendre le langage intelligible ; et sans ces sortes de fictions, il n'y aurait pas possibilité de conduire une discussion sur ces matières. L'application du principe déontologique pourra seule nous mettre à même de découvrir si des impressions trompeuses sont communiquées par l'emploi de ces locutions ; et, après un examen approfondi, on trouvera que la vertu et le vice ne sont, comme nous l'avons établi, que les représentations de deux qualités, savoir : la prudence et la bienveillance effective, et leurs contraires, avec les différentes modifications qui en découlent et qui se rapportent d'abord à nous, puis à tout ce qui n'est pas nous.

Car si l'effet de la vertu était d'empêcher ou de détruire plus de plaisir qu'elle n'en produit, ou de produire plus de mal qu'elle n'en empêche, les noms de méchanceté et de folie seraient les seuls qui lui conviendraient : méchanceté, en tant qu'elle affecterait autrui ; folie, par rapport à celui qui la pratiquerait. De même, si l'influence du vice était de produire le plaisir et de diminuer la peine, il mériterait qu'on l'appelât bienfaisance et sagesse.

La vertu est la préférence donnée à un plus grand bien comparé à un moindre ; mais elle est appelée à s'exercer quand le moindre bien est grossi par sa proximité, et que le plus grand est diminué par l'éloignement. Dans la partie personnelle du domaine de la conduite, c'est le sacrifice de l'inclination présente à une récompense personnelle éloignée. Dans la partie sociale, c'est le sacrifice qu'un homme fait de son propre plaisir pour obtenir, en servant l'intérêt d'autrui, une plus grande somme de plaisir pour lui-même. Le sacrifice est ou positif ou négatif : positif, quand on renonce à un plaisir ; négatif, quand on se soumet à une peine.

Les termes *sacrifice* ou *abnégation* sont convenables, quand c'est à s'abstenir d'une jouissance que la vertu consiste ; ils ne sont pas aussi bien appropriés quand le bien sacrifié est d'une espèce négative, et que la vertu consiste à se soumettre à une souffrance. Mais il sera évident que, bien que l'idée de vertu puisse quelquefois être comprise dans l'idée de *sacrifice*, d'*abnégation*, cependant ces mots ne sont pas synonymes de vertu, et ne sont pas nécessairement compris dans l'idée de vertu. Sans doute que, dans un grand nombre de cas, le courage est indispensable à la vertu ; mais le courage, en tant qu'il consiste à s'exposer à la peine, à la peine physique, par exemple, non accompagnée de danger pour la vie, ne peut convenablement s'appeler *sacrifice* : de même, on ne peut dire qu'il y ait abnégation, quand il n'y a pas renoncement à une chose qu'on aurait pu obtenir.

Le vertu a non-seulement à combattre l'inclination individuelle, elle a quelquefois à lutter contre l'inclination générale de l'espèce humaine ; et c'est lorsqu'elle triomphe de toutes deux, qu'elle s'élève à son plus haut degré de perfection.

Proportionnellement au pouvoir qu'un homme a acquis de maîtriser ses désirs, la résistance à leur impulsion devient de moins en moins difficile, jusqu'à ce qu'enfin, dans certaines constitutions, toute difficulté s'évanouit.

Par exemple, dans sa jeunesse, un homme peut avoir contracté le goût du vin, ou d'une espèce particulière d'aliments. S'il trouve que ces choses ne conviennent pas à sa constitution, peu à peu le malaise qui accompagne la satisfaction de son appétit devient si fréquent, et se présente si constamment à son souvenir, que l'anticipation d'une peine future certaine, acquiert assez de force pour lui faire surmonter l'impression du plaisir présent. L'idée d'une souffrance plus grande, quoique éloignée, a éteint celle d'une jouissance moindre, mais actuelle. Et c'est ainsi que, par la puissance d'association, des choses qui avaient été d'abord des objets de désir, deviennent des objets d'aversion, et que, d'autre part, des choses autrefois objets d'aversion, comme, par exemple, les médicaments, deviennent des objets de désir. Dans l'exemple que nous avons cité plus haut, le plaisir n'étant pas en la possession de l'individu, n'a pu, par conséquent, être *sacrifié* ; il n'existait pas. Il n'y avait pas non plus *abnégation* ; car, comme le désir qui demandait autrefois à être satisfait n'existait plus, il n'y avait plus de besoin auquel l'abnégation pût être opposée. Quand les choses en sont à ce point, la vertu, bien loin d'avoir disparu, est arrivée au contraire à son plus haut point d'excellence, et brille de son plus beau lustre. Elle serait bien défectueuse, en effet, la définition de la vertu, qui n'admettrait pas dans le cercle de ses limites ce qui en constitue la perfection.

L'effort est, sans contredit, une des conditions nécessaires à la vertu ; quand il s'agit de prudence, c'est dans l'intelligence qu'est le siége de cet effort. Pour la bienveillance effective, c'est principalement dans la volonté et les affections qu'il réside.

Je rencontre un adversaire dans mon chemin. Il essaie de me frapper d'un bâton ; je fais un mouvement de côté, et j'évite le coup. Il y a là utilité, instinct de conservation ; mais il n'est pas là question de prudence.

J'apprends qu'un ennemi m'attend dans un certain endroit ; j'évite de prendre le chemin qui y conduit, et je me rends à ma destination en faisant un circuit. Il y a là utilité produite par l'instinct de la conservation ; mais il y a aussi exercice de l'intelligence, et il peut y avoir emploi de la prudence.

De même, lorsque l'effort réside dans la volonté. J'achète chez un boulanger un pain pour mon dîner ; il y a là double utilité : utilité pour moi, dans l'intérêt de mon existence ; utilité pour le boulanger, dans le bénéfice qu'il retire de la vente de son pain.

Un mendiant affamé m'aborde. Il a plus besoin de ce pain que moi : je le lui donne, et perds mon dîner. Là aussi il y a utilité, mais il y a également vertu ; car me soumettre à une peine, à celle de la faim, demandait un effort, et cet effort je l'ai fait.

Mais bien que le caractère de la vertu soit l'utilité, ou, en d'autres termes, la production du bonheur ; la vertu étant, comme nous l'avons vu, ce qui est bienfaisant, et le vice ce qui est nuisible à la société, il n'y a cependant pas identité entre la vertu et l'utilité, car il est beaucoup d'actions bienfaisantes qui n'ont pas le caractère de vertu : la vertu demande un effort. De toutes les actions de l'homme, celles qui ont pour but de conserver l'individu et l'espèce, sont assurément les plus bienfaisantes à la communauté ; mais elles n'ont rien de vertueux. Quant à l'effort, quoiqu'il soit nécessaire à la vertu et à la production de la vertu, il n'est pas indispensable que le moment où l'effort a lieu soit précisément celui-là même où la vertu est pratiquée. Tout ce qui est nécessaire, c'est que l'acte vertueux soit de la nature de ceux dont la production exige un effort dans la conduite de la plupart des hommes : car l'habitude dont la formation ne s'obtient qu'au prix d'un effort, agit à la fin, sans que cette impulsion lui soit nécessaire. Tel est, par exemple, le cas où la colère est contenue dans les limites prescrites par la prudence et la bienveillance. S'il n'y avait pas de vertu sans effort actuel et simultané, dès-lors la vertu, arrivée à son apogée, cesserait d'être vertu.

C'est chose curieuse que, dans l'école d'Aristote, un arrêt d'exclusion est mis sur la vertu, quand elle est exercée au plus haut degré. Lorsqu'il reste quelque vestige d'inclination à dompter, quelque parfaite que soit la soumission obtenue, cela suffit à cette école pour refuser le titre de vertu ; et c'est précisément au mérite le plus grand qu'elle n'attribue que le titre inférieur de semi-vertu.

« Semi-virtutes », dit le Compendium d'Oxford, que nous avons déjà cité, « sunt virtutum quasi *rudimenta* et bonæ *dispositiones* ad virtutis habitum ; sed tamen *integram* virtutis formam *nundum* habent. (Page 69.)

« Semi-virtus igitur est », continue l'auteur, « quæ mediocritatem [1] servat, sed cum aliquâ difficultate, affectibus rationis imperio reluctantibus, et ægrè parentibus.

« Atque in hoc à virtute *perfectâ* distinguitur quam tune se sciat aliquis assecutum esse, cùm et *ratio* præscribat quod *rectum* est, et *affectus* sine ullâ *reluctantiâ* rationis dictamina sequuntur. » [2]

---

1 Ceci se rapporte à une autre maxime d'Aristote, qu'en toute occasion la vertu consiste, toute espèce de vertu consiste dans la médiocrité (sans doute la modération, le juste milieu).

2 « Les semi-vertus sont comme les rudiments de la vertu, de bonnes dispositions à l'habitude de la vertu ; cependant, elles n'ont pas encore la forme complète de vertus. La semi-vertu est celle qui se renferme dans la médiocrité, mais avec quelque difficulté, les affections répugnant à l'empire de la raison, et ne lui obéissant qu'avec peine. »

« Et elle se distingue de la vertu parfaite en cela qu'on reconnaît qu'on possède cette dernière, lorsque la raison prescrit ce qui est juste, et que les affections

D'après cela, la vertu consiste à faire, sans qu'il en coûte aucun sacrifice, ce qu'il est juste de faire ; et pour chaque vertu entière, il faut conséquemment compter une semi-vertu ; et, sauf une restriction qu'il n'est pas facile de s'expliquer, les semi-vertus sont accolées aux vertus entières.

« Harum tot *ferè* genera statui possunt quos sunt virtutes perfectæ. »[1]

Pourquoi *ferè* ? pourquoi cette restriction ? Personne ne peut le dire.

L'auteur s'occupe alors de classer ses vertus sous deux divisions, *continentia* et *tolerantia*, continence et tolérance, qui correspondent, dit-il, aux appétits de la concupiscence et de l'irascibilité ; la concupiscence étant combattue par la continence, l'irascibilité par la tolérance. Or, toute la différence entre les vertus entières et les semi-vertus consistant dans la présence ou l'absence de la répugnance, il semble qu'il n'y a pas de raison pour que la même division ne s'applique pas à chacune des parties du domaine de la vertu ; mais plus l'auteur avance, plus il s'enfonce dans les ténèbres qui l'entourent, et plus l'imperfection de sa classification devient palpable. Entend-il par *tolerantia* l'action de se soumettre à une peine corporelle ? C'est ainsi qu'il l'entend, si nous en croyons ses paroles : Semi virtutes versantur primo, circa *voluptates*, ut *continentia* ; secundo circa dolores, ut *tolerantia*. (Page 70.)

Tolerantia (continue-t-il un peu plus bas) est virtus imperfecta, *quâ res adversas et laboriosas cum quodam dolore conjunctas, honestatis gratiâ, magno animo perferre conamur.*

Objectum ejus sunt *res adversæ* sive *dolores*, non vero *quivis*, sed in præsertim quibus plerique succumbunt *ex imbecillitate animi.* (Page 71.)[2]

---

suivent, sans aucune répugnance, les ordres de la raison. »

1   On peut en compter presque autant d'espèces qu'il y a d'espèces de vertus parfaites.

2 « Les semi-vertus sont mises en action, premièrement par les voluptés, comme la continence ; secondement par les douleurs, comme la tolérance.

    « La tolérance est une vertu imparfaite, par laquelle nous nous efforçons, par amour de l'honnête, et avec beaucoup de courage, de supporter des choses adverses et pénibles, auxquelles se joint une certaine douleur.

    « Elle a pour objet les chose adverses ou les douleurs sous lesquelles, sinon tous les hommes, du moins la plupart, succombent par faiblesse d'esprit. »

L'appétit irascible est celui qui cherche à atteindre, de son mauvais vouloir, l'objet de son ressentiment; le moyen qu'il emploie pour se satisfaire consiste à produire de la peine dans l'âme de celui dont il veut se venger. Mais le siége réel de la peine produite par la colère est le cœur même de la personne irritée. Cela le rend-il vertueux ? Et pourtant cela doit être, d'après la définition d'Aristote.

Cependant, si nous en croyons le moraliste d'Oxford, cette question, qu'il a laissée plongée dans une obscurité si profonde, est de la plus haute importance ; c'est de sa solution que dépend la redoutable différence entre le salut et la damnation. Cependant, ces qualités mêmes, cette continence, cette tolérance, qu'Aristote traite sans façon de vertus imparfaites, sont sous le point de vue théologique, du moins à ce que dit le moraliste d'Oxford, au nombre des vertus non seulement les plus parfaites, mais encore les plus difficiles à pratiquer.

Selon la morale d'Aristote, une moitié n'est en définitive qu'une moitié ; une moitié de vertu n'est qu'une moitié de vertu. Selon la théologie d'Oxford, la moitié est égale au tout, si elle n'est même plus grande. Mais en ceci, on fait mystère de tout, et même de rien ; et plus profond est le mystère, plus grand est le mérite.

L'auteur eût bien fait d'ajouter aux appétits dont parle Aristote l'appétit du mystère, cet appétit qui, dans le domaine de ce qu'il a plu d'appeler la religion, chercheur infatigable d'absurdités et de non-sens, ne trouve, pour se satisfaire, aucun aliment trop grossier.

Avant de réclamer pour une action le titre de vertu, il faut commencer par prouver qu'elle a le bonheur pour objet. Selon Aristote et son disciple d'Oxford, la vertu consiste dans la *médiocrité*, si le mot latin est littéralement traduit ; car on pourrait penser que ce mot *mediocritas* serait plus convenablement rendu par celui de modération : mais, enfin, le mot est *mediocritas*. Et ici, nous remarquerons en passant que si on avait vu dans la morale quelque chose de pratique, si on l'avait jugée bonne à l'usage des choses de la vie, on aurait employé pour son enseignement dans les universités, une langue vivante, et non une langue morte ; le langage du grand nombre, et non celui du petit nombre. Or, à quoi sert une définition ? à connaître la chose définie. Et une description ? à reconnaître la chose décrite. Voyons si ce but est atteint ici.

On nomme la vertu ; on la place entre deux qualités du même caractère, qui ne sont pas des vertus. Dans l'une manquent les qualités qui constituent la vertu ; dans l'autre, elles sont portées à l'excès. C'est ainsi que, pour toute la série des vertus, on en donne la désignation et l'exemple. La seule chose nécessaire, dès-lors, est de régler ce qui, dans chaque occurrence, constitue la quantité exacte dont se compose la vertu ; de le produire tout préparé pour l'usage du public, avec le poids exact, ni trop, ni trop peu : car si vous n'avez pas la quantité exacte, quoi que vous puissiez avoir, vous n'avez pas la vertu.

Mais dans une matière si importante, notre moraliste ne vous sera d'aucun secours. Voilà, vous dit-il, trois doses de la médecine morale ; voilà la dose exacte, la dose trop forte, la dose insuffisante. Dans la dose exacte est la santé et le salut ; dans les autres, le péril et la mort. A-t-il pris note de la quantité prescrite ? Non. N'y a-t-il dans son ordonnance ni chiffres, ni moyens d'évaluation ? Aucun.

Quand un médecin écrit sur les maladies, il ne se contente pas de transcrire leur nomenclature ; il juge utile, il trouve nécessaire, de noter leurs symptômes. Il en est autrement de notre moraliste : ses vertus, à lui, sont des noms sans symptômes. Il parle de vertu ; mais pour ce qui est de savoir comment on peut distinguer entre ce qui est vertu et ce qui ne l'est pas, c'est un soin qui ne le regarde pas.

Il n'est pas jusqu'à la phraséologie habituelle, l'usage ordinaire des termes de juste et d'injuste, de bien et de mal, qui ne soient, dans leur emploi journalier, d'une application plus positive au bien-être social que ne le sont les vertus de la morale d'Oxford. Tous les hommes ont une idée plus ou moins distincte que le gouvernement et la législation, la religion et la morale, exercent ou doivent exercer une influence bienfaisante sur le bonheur public. Sans quoi, de quelle valeur seraient ces choses ? Mais ce n'est pas sur ce terrain que se place le moraliste d'Oxford.

Néanmoins, le Compendium offre sur la vertu un projet de définitions où chacun pourra prendre ce qui lui conviendra.

1. La vertu est une habitude élective qui consiste, en ce qui nous concerne, dans la médiocrité (ou le juste milieu), telle qu'un homme prudent aura soin de se la prescrire.

Comprenne qui pourra. Si cela signifie quelque chose, cela signifie qu'il y a deux vertus : la médiocrité et la prudence, et que les deux n'en forment qu'une.

2. La vertu consiste dans la conformité de nos actes avec la volonté divine.

Fort bien ; mais la difficulté est de connaître la volonté divine, en toute occasion. Le langage de la Bible est général, et sans acception particulière ; quelquefois aussi, le sens peut en être douteux, et sujet à contestation.

Et quelle est la volonté divine, telle que la Bible nous l'enseigne ? Que veut-elle, que doit-elle vouloir, sinon la production du bonheur ? Quel autre motif, quel autre but a-t-elle proposé à notre obéissance ? La volonté divine est clémente, bienveillante, bienfaisante. Qu'impliquent ces expressions, sinon un but de bonheur, une production de bonheur ? En sorte que, si ce que dit le moraliste d'Oxford a un sens, si ses paroles n'ont pas pour objet de nous induire en erreur, son sens doit être le nôtre ; il ne veut dire que ce que nous disons ; et en ce cas, il aurait pu nous épargner toute ambiguïté d'expression.

3. La vertu consiste dans la conformité de nos actes avec la saine raison.

La saine raison ? Veut-on parler de cette raison que les docteurs d'Oxford déclarent si souvent en opposition avec la volonté divine ? Est-ce la raison humaine ? C'est là la pierre de touche. La saine raison *de qui* ? Est-ce la mienne ou celle de l'homme qui pense autrement que moi ? C'est la mienne comme de juste ; car je ne puis reconnaître pour bonne l'opinion d'un homme, lorsque je crois qu'elle est mauvaise. Et je crois qu'elle est mauvaise, parce qu'elle diffère de la mienne. Est-ce la mienne, ou celle du docteur d'Oxford ? La mienne. La question est décidée. Je puis maintenant dogmatiser tout comme un autre.

4. La vertu consiste, la volonté divine et la saine raison consistent dans la médiocrité.

Enfin nous possédons un instrument avec lequel nous pouvons mesurer la volonté divine, et la saine raison aussi, et la vertu comme procédant de toutes deux. Et maintenant que tous les doutes, toutes les difficultés sont évanouies, nous avons sous la main un principe moral avec lequel nous pouvons faire des prodiges. Ainsi dit Aristote. Ainsi on le prétend à Oxford.

Mais que dit l'utilité ? Quelles sont les vertus véritablement importantes ? Quelles sont les vertus secondaires qui procèdent des premières ? En admettant comme preuve et signe caractéristique de la vertu, sa tendance à la production du bien-être, nous croyons, comme nous l'avons dit plus haut, que toutes les modifications de la vertu peuvent se ranger sous deux titres principaux, la prudence et la bienfaisance. En dehors de ce cercle, il n'y a pas de vertu ayant une valeur intrinsèque. On trouvera que c'est à l'une ou à l'autre de ces deux classes que se rapportent toutes les qualités morales vraiment utiles. On peut donc les appeler vertus premières. Otez la prudence, ôtez la bienveillance de l'arbre de la morale, vous le dépouillez de ses fleurs, de ses fruits, de sa force, de sa beauté, de son utilité. Il ne reste plus qu'un tronc sans valeur, improductif, stérile, qui ne fait qu'embarrasser le sol. La valeur de toutes les vertus accessoires ou secondaires, dépend entièrement de leur conformité avec ces deux vertus premières.

Il résulte de là, 1 °. Que si les vertus premières n'étaient pas utiles, les vertus secondaires ne pourraient pas l'être non plus ; 2°. Que leur utilité doit consister à accomplir les mêmes objets qu'ont en vue les vertus premières ; 3°. Les vertus premières ont une tendance invariable vers l'utilité des individus à l'égard desquels elles sont exercées, qu'elles soient utiles ou non à la société en général ; 4°. L'utilité des vertus secondaires est en raison de leur tendance à produire les effets que la tendance des vertus premières est de produire ; 5°. Leur utilité doit se mesurer au degré dans lequel elles contribuent à rapprocher du but que les vertus premières se proposent. Nous aurons l'occasion de passer en revue toutes les vertus secondaires, et de les mettre à l'épreuve des principes qui viennent d'être développés.

Les divers modes dans lesquels les différentes vertus peuvent être mises en action, par la parole, par l'écriture, par la conduite, appartiennent à la partie pratique du sujet que nous traitons.

Nous en parlerons dans le second volume de cet ouvrage.

Chapitre XI
De l'intérêt privé,
ou prudence personnelle

La nature naïve et sans art, porte l'homme à rechercher le plaisir immédiat, à éviter la peine immédiate. Ce que peut faire la raison, c'est d'empêcher le sacrifice d'un plaisir éloigné plus grand, ou l'infliction d'une peine éloignée plus grande en échange de la peine et du plaisir présents ; en un mot, d'empêcher une erreur de calcul dans la somme du bonheur. C'est aussi en cela que consiste toute la vertu, qui n'est que le sacrifice d'une moindre satisfaction actuelle qui s'offre sous forme de tentation, à une satisfaction plus grande, mais plus éloignée, qui, en fait, constitue une récompense.

Ce qu'on peut faire pour la morale, dans le domaine de l'intérêt privé, c'est de montrer combien le bonheur d'un homme dépend de lui-même, et des effets que produit sa conduite dans l'esprit de ceux auxquels il est uni par les liens d'une sympathie mutuelle ; combien l'intérêt que les autres hommes prennent à son bonheur, et leur désir d'y contribuer, dépendent de ses propres actes. Supposons un homme enclin à l'ivrognerie. On devra lui apprendre à examiner et à peser la somme de plaisir et de peine qui résulte de sa conduite. Il verra d'un côté, l'intensité et la durée du plaisir de l'ivresse. C'est ce qui constituera, dans son budget moral, la colonne des profits. Par contre, il lui faudra faire entrer en ligne de compte, Iº. Les indispositions et autres effets préjudiciables à la santé ; 2º. Des peines contingentes à venir, résultat probable des maladies et de l'affaiblissement de sa constitution ; 3º. La perte de temps et d'argent proportionnée à la valeur de ces deux choses, dans sa situation individuelle ; 4º. La peine produite dans l'esprit de ceux qui lui sont chers, tels que, par exemple, une mère, une épouse, un enfant ; 5º. La défaveur attachée au vice de l'ivrognerie ; le discrédit notoire qui en résulte aux yeux d'autrui ; 6º. Le risque d'un châtiment légal et la honte qui l'accompagne ; comme, par exemple, lorsque les lois punissent la manifestation publique de l'insanie temporaire, produite par l'ivresse ; 7º. Le risque des châtiments attachés aux crimes qu'un homme ivre est exposé à commettre ; 8º. Le tourment produit par la crainte des peines d'une vie future.

Jeremy Bentham

Tout cela conduira probablement cet homme à découvrir qu'il achète trop cher le plaisir de l'ivresse. Il verra que la morale, qui est la vertu, et le bonheur, qui est l'intérêt personnel, lui conseillent d'éviter cet excès. Il a, à triompher de son intempérance, le même intérêt qu'a un homme qui, dans l'acquisition de la richesse, peut choisir entre gagner beaucoup et gagner peu. La Déontologie ne demande pas de sacrifice définitif. Dans ses leçons elle propose à l'homme avec lequel elle raisonne, un surplus de jouissances. Il cherche le plaisir ; elle l'encourage dans cette recherche ; elle la reconnaît pour sage, honorable et vertueuse ; mais elle le conjure de ne point se tromper dans ses calculs. Elle lui représente l'avenir, un avenir qui n'est probablement pas éloigné, avec ses plaisirs et ses peines. Elle demande si, pour la jouissance goûtée aujourd'hui, il ne faudra point payer demain un intérêt usuraire et intolérable. Elle supplie que la même prudence de calcul qu'un homme sage applique à ses affaires journalières, soit appliquée à la plus importante de toutes les affaires, celle de la félicité et du malheur. La Déontologie ne professe aucun mépris pour cet égoïsme qu'invoque le vice lui-même. Elle abandonne tous les points qui ne peuvent pas être prouvés avantageux à l'individu. Elle consent même à faire abstraction du code du législateur et des dogmes du prêtre. Elle admet, comme convenu, qu'ils ne s'opposent point à son influence ; que ni la législation, ni la religion, ne sont hostiles à la morale ; et elle veut que la morale ne soit pas opposée au bonheur. Montrez-lui un seul cas où elle ait agi contrairement à la félicité humaine, et elle s'avouera confondue. Elle reconnaît que l'ivrogne lui-même se propose un but convenable ; mais elle est prête à lui prouver que ce but, l'ivrognerie, ne le lui fera pas atteindre. Elle part d'une vérité qu'aucun homme ne peut nier, savoir que tous les hommes désirent être heureux. Elle n'a que faire de dogmatiser despotiquement ; sa mission à elle, est de nous inviter à faire du bien et du mal une sage estimation. Elle n'a d'intérêt à telle ou telle ligne de conduite, à tel ou tel résultat, qu'en tant qu'il s'agit d'une fraction de bonheur à retrancher du tout.

Tout ce qu'elle se propose, c'est de mettre un frein à la précipitation, d'empêcher l'imprudence de prendre des mesures irrémédiables et de faire un mauvais marché. Elle n'a rien à objecter aux plaisirs qui ne sont point associés à une portion de peine plus qu'équivalente.

En un mot, elle régularise l'égoïsme ; et, comme un intendant actif et sage, elle administre notre revenu de félicité, de manière à nous en faire retirer le plus d'avantages possible.

Mais elle n'est pas aveugle et imprévoyante. Elle sait que le présent sera bientôt le passé, et que les opinions de l'heure actuelle seront modifiées par l'expérience de l'heure qui suivra. C'est pourquoi elle désire que dans le calcul de ce qui est, on fasse entrer, comme élément important, ce qui doit être. Ses enseignements consistent à nous dire : Pesez bien tout, pesez chacune des choses qui entrent dans le marché. Profitez des jouissances qui sont maintenant à votre disposition ; mais si derrière est la souffrance; si, en compensation des jouissances que vous allez vous procurer, il vous faut renoncer à des jouissances plus grandes, est-ce là de la prudence ? Si, pour acheter la jouissance que vous convoitez, il vous faut infliger à autrui une peine plus grande que votre jouissance, est-ce là de la bienveillance ? Ou si les autres vous renvoient avec usure la peine que vous leur infligez, ou retranchent de vos jouissances une somme plus grande que celle dont vous les privez, y a-t-il là encore de la prudence ?

En fait, l'égoïsme qui ne tient pas compte des choses à venir, a aussi peu de prudence que de bienveillance. C'est véritablement tuer la poule pour en avoir les oeufs d'or. « Moi seul, moi seul ! » c'est le cri d'une âme insensible au bonheur ou au malheur provenant de causes extérieures ; l'insensibilité au mal est un avantage évident pour son possesseur, mais à la condition qu'elle n'amènera pas de réaction.

L'amour-propre de Phocion diminuait à ses yeux le sentiment de son infortune. Il n'y avait ni bienveillance, ni courtoisie à se représenter à son compagnon de supplice comme plus digne que lui-même de son admiration ; c'était pure arrogance.

L'amour-propre de Vitellius le portait à se croire un droit absolu au respect des hommes, parce qu'il avait eu en partage la prospérité la plus haute. Si cela pouvait le consoler, c'était tant mieux pour lui ; du moins cela ne nuisait à personne.

Mais la prudence personnelle n'est pas seulement une vertu, c'est une vertu dont dépend l'existence même de la race humaine. Si je pensais plus à vous qu'à moi, je serais un aveugle conduisant un aveugle, et nous tomberions ensemble dans le précipice. Il est aussi impossible que vos plaisirs soient meilleurs pour moi que les miens, qu'il est impossible que votre vue soit meilleure pour moi que la mienne propre. Mon bonheur et mon malheur font tout autant partie de moi que mes facultés et mes organes ; et il serait tout aussi exact de dire que je ressens plus douloureusement que vous-même votre mal de dent, que de prétendre que je suis plus intéressé à votre bien-être qu'au mien.

Toutefois bien des gens exagèrent le principe personnel, au point de penser qu'en enflant l'idée qu'ils ont d'eux-mêmes ils sont utiles à l'humanité.

Eh quoi ! la suffisance ou la vanité d'un homme rend elle les autres plus heureux ? S'il en est ainsi, il y a double avantage : nous nous donnons un plaisir, les autres aussi. N'affecte-t-elle autrui ni en bien ni en mal ? il y a encore un avantage, car l'homme trouve du plaisir à se glorifier. Son orgueil et sa vanité font-ils sur les autres une impression désagréable ? voilà quelque chose à mettre dans l'autre bassin de la balance. Il faut calculer. Toutes les sensations désagréables éprouvées par ceux que cette vanité blesse, doivent être additionnées et balancées contre les plaisirs que causent à un homme sa vanité et son orgueil. On trouvera peut-être que le désagrément pour les autres, est en raison de l'intensité de la satisfaction que l'individu en question se procure. Il est clair que, dans ce cas, la balance augmentera en proportion.

Le soleil de la Déontologie éclaire de ses rayons, les régions contiguës de la prudence et de la bienveillance. Par elle la lumière est substituée aux ténèbres, l'ordre au chaos. Elle résout tous les problèmes difficiles ; toutes les difficultés embarrassantes s'évanouissent devant elle. Elle seule peut faire distinguer les affinités ; d'elle seule peuvent se déduire les rapports entre les diverses classes de qualités morales ; par elle seule peut se découvrir la limite qui sépare le vice de la vertu ; par elle seule toutes les anomalies se changent en harmonie et en régularité ; par elle seule une multitude de qualités, présentées jusqu'à ce jour sous des formes inintelligibles et isolées, peuvent âtre réunies ou contrastées. C'est la lance d'Ithuriel, par laquelle le bien et le mal se dévoilaient et se présentaient sous leur véritable forme.

Il s'est manifesté parmi les moralistes une disposition violente à exclure de l'âme humaine l'influence du principe personnel. Pourquoi cette répugnance à admettre, comme motif, ce qui est et doit être le plus fort de tous les motifs, l'amour de l'homme pour lui-même ? Pourquoi repousser le sentiment personnel ? C'est par une sorte de pudeur, une disposition à considérer le principe d'où découlent tous les actes, toutes les passions de l'homme, comme la partie honteuse de notre nature.

Mais quand on a admis une fois ce principe, qu'une attention éclairée pour l'intérêt personnel est la meilleure garantie d'une bonne conduite, dès lors on ne saurait douter que la connaissance et la pratique de la morale n'aient fait de considérables progrès, et c'est alors un délicieux spectacle que de suivre du regard la marche lente mais visible de la vertu.

La base de l'intérêt ne lui fait rien perdre de sa stabilité et de sa puissance. Il est des hommes qui ne veulent pas voir cet intérêt ; d'autres en détournent la vue avec indignation. Des déclamateurs demanderont si, dans un siècle comme le nôtre, qu'ils appellent dégénéré, il se trouvera un homme qui consente à sacrifier sa vie à l'intérêt de son pays. Oui ?

Oui, il est des hommes, et en grand nombre, qui, obéissant à l'appel auquel, dans le passé, d'autres ont répondu, feraient avec plaisir à leur pays le sacrifice de leur existence. S'en suit-il qu'en cette circonstance comme en toute autre, ces hommes agiraient sans intérêt ? Non, certes ; il n'est pas dans la nature humaine qu'il en soit ainsi. Le même raisonnement s'applique aux observations de la ligne du devoir. C'est un calcul erroné de l'intérêt personnel.

« Nul ne fait mal pour mal faire, mais pour se procurer par là du profit ou du plaisir. » Cette grande vérité n'était pas ignorée de lord Bacon. Ce grand homme était de ceux qui, partout où la vérité s'offre à leur regard, savent reconnaître sa beauté ; mais il vivait dans un temps où il n'était ni praticable ni sûr de la suivre jusqu'au bout.

Néanmoins il a été amené à tirer cette conclusion que si le vice, tout compte fait, était profitable, ce serait dès lors l'homme vertueux qui serait coupable.

Le sacrifice de l'intérêt se présente, en abstraction, comme quelque

Jeremy Bentham

chose de grand et de vertueux, parce qu'il est convenu que le plaisir qu'un homme rejette loin de lui est nécessairement recueilli par un autre. En supposant que dans ce transfert il n'y ait de plaisir ni gagné ni perdu, il est évident que bien que transféré un million de fois d'un possesseur à un autre, il ne resterait après comme avant que tout juste la même somme de bonheur.

Mais, dans l'échange du bonheur comme de la richesse, la grande question est de faire que la production s'accroisse par la circulation.

Il n'est donc pas plus convenable, en économie morale, de faire du désintéressement une vertu, que de faire en économie politique un mérite de la dépense.

Le désintéressement peut se trouver dans les hommes légers et insouciants ; mais un homme désintéressé avec réflexion, c'est ce qui, heureusement, est rare.

Montrez-moi l'homme qui rejette plus d'éléments de félicité qu'il n'en crée, et je vous montrerai un sot et un prodigue. Montrez-moi l'homme qui se prive d'une plus grande somme de bien qu'il n'en communique à autrui, et je vous montrerai un homme qui ignore jusqu'aux premiers éléments de l'arithmétique morale.

De la prudence personnelle, considérée comme vertu première, découlent, comme vertus secondaires, la tempérance et la continence. Leur violation introduit le coupable dans la région de la peine ; leur violation habituelle amène un résultat de malheur, sur lequel il est impossible que la prudence porte ses regards, sans discerner le surplus de souffrance que ce faux calcul laisse après lui.

Chapitre XII
De la prudence relative à autrui, ou prudence extra-personnelle.

Quoiqu'il appartienne au gouvernement d'augmenter et d'étendre la connexion qui existe entre la prudence et la bienveillance effective, là où la sanction politique est applicable, le devoir du professeur de morale publique est de faire remarquer leur concordance et de lui donner toute l'action et tout l'effet que son influence peut lui communiquer.

C'est à l'opinion publique, ou, en d'autres termes, à la sanction populaire ou morale que nous devons nous adresser pour l'action du sentiment social sur le sentiment personnel. Chacun des individus de la communauté peut être membre du tribunal public. Tout homme qui exprime soit par des paroles, soit par des actions, son appréciation de la conduite des autres, est un membre actif de ce tribunal. Celui qui l'exprime par la voie de la presse en est un membre influent. Son influence sera proportionnée à l'approbation qu'il recevra de ses lecteurs, à la force de l'impression qu'il produira sur leur esprit, ainsi qu'au nombre et à l'influence de ces derniers.

Le mauvais vouloir d'un homme lui fait désirer d'en frapper un autre. Son mauvais vouloir peut être retenu par la crainte que le coup ne soit rendu par celui à qui il est destiné, ou par un tiers présent à la chose ; il peut encore être retenu par la crainte du châtiment légal. C'est, dans le premier cas, la sanction physique, dans le second, la sanction politique qui opère ; et dans l'un ni dans l'autre l'application du principe déontologique n'est nécessaire.

Mais quand ces deux sanctions ont failli, quand elles ne fournissent qu'un remède insuffisant, alors viennent les sanctions populaires et sociale, pour occuper cette portion du domaine de l'action que les autres motifs ont laissée vacante. Ces deux sanctions sont intimement et étroitement liées ; car les relations sociales pénètrent naturellement et nécessairement toute la substance de la société. Il n'est presque pas d'individu qui ne soit rattaché à la société générale, par quelque lien social, plus ou moins fort. Le cercle s'étend, l'intimité se fortifie à mesure que la société s'éclaire. L'intérêt, d'abord renfermé dans la famille, s'étend à la tribu, de la tribu à la province, de la province à la nation, de la nation au genre humain tout entier. Et à mesure que les sciences politique et déontologique seront mieux comprises, on verra augmenter la dépendance de chacun de la bonne opinion de tous, et la sanction morale se fortifier de plus en plus. Ajoutons que sa force sera de beaucoup accrue, lorsqu'elle pourra faire une appréciation plus exacte de sa propre puissance ; en sorte qu'on peut prévoir l'époque où l'esprit public ne s'égarera plus dans l'estimation du devoir, et où la sanction morale rendra inutile une portion de la sanction politique.

Mais, entrons ici dans quelques détails. Considérons, dans l'exemple déjà cité, l'influence d'une action sur les individus dont elle affecte le bonheur.

On reconnaît que l'homme qui porte un coup à un autre, lui inflige un dommage corporel. Celui qui porte le coup doit craindre d'éprouver, par représailles, ce même ou un semblable dommage personnel. Cette crainte constitue la sanction physique. La sanction politique ou légale, le risque de l'intervention du magistrat, peut trouver, et probablement trouvera ici son application, quoique cette intervention ne puisse s'appuyer que sur le principe même qui sert de base à la Déontologie, à savoir, le principe de la maximisation du bonheur. Mais que les sanctions politique et physique interviennent ou non, la sanction morale sera, en tout cas, mise en action. En effet, comme l'expérience et l'observation ont appris que de tels actes de violence ont la souffrance pour résultat, il y aura désapprobation dans un degré proportionné au degré de souffrance infligée. La sanction sympathique et sociale ne peut manquer d'avoir son effet. Car bien que, dans un état de barbarie sociale, cette sanction soit trop faible pour arrêter les passions individuelles, et que dans quelque état social que ce soit, elle admette un grand nombre de modifications d'individu à individu, cependant, à une époque de civilisation comme celle dans laquelle nous vivons, la sanction sociale opère d'une manière très puissante, et elle opérera dans des cas où la sanction morale, plus générale, aura quelquefois été impuissante. Celui-là même qui serait disposé à rester indifférent au bonheur de ceux avec lesquels il n'a aucun rapport, sera moins disposé à se montrer indifférent au bonheur de ses amis ou de sa famille, dont son propre bonheur dépend plus immédiatement. Telle qu'elle est, et bien qu'elle agisse dans une sphère plus étroite, la sanction sympathique doit être plus forte que la sanction morale. Il est peu d'individus qui puissent contempler, sans quelque sentiment douloureux, les souffrances de leurs semblables, surtout lorsqu'elles s'offrent d'une manière spéciale à leur perception ou à leur imagination ; et si la personne souffrante est un ami, l'indifférence sera plus rare et plus difficile encore. Le sentiment de la sympathie est universel. On pourrait dire qu'il n'y a pas d'exemple qu'un homme soit arrivé à l'âge de maturité, sans jouir du plaisir d'un autre, sans souffrir de sa peine. Ce sentiment peut être restreint à un cercle domestique, et ce cercle être, pour ainsi dire, en guerre avec le genre humain. La communauté d'intérêts ou d'opinion lui donnent naissance. Cette sympathie opposera un obstacle à l'infliction des peines. Elle aura toujours ce résultat, excepté lorsqu'un motif opposé et plus fort opérera dans une direction contraire ; et toutes ces sanctions agissent avec une puissance toujours croissante. Si on examine l'esprit de l'homme, considéré individuellement, on le verra d'une génération à l'autre, croître en force et en persévérance dans la connaissance de ses facultés, dans l'empire qu'il exerce sur elles, dans la somme d'observation et d'expérience qu'il accumule pour son usage et sa gouverne ; en partant de ce fait, on peut raisonnablement espérer que les sanctions diverses associées à l'esprit universel, obtiendront de plus en plus leur juste développement. Il en est de même de l'homme considéré comme espèce. Il y a une époque où le principe personnel est le seul qui soit dans une opération très active ; elle occupe toute la sphère de l'esprit, qui s'étend à peine au-delà de la sanction physique. En cet état, la conduite de l'homme consiste presque uniquement à saisir les jouissances immédiates, sans aucun calcul de bonheur ou de malheur éloignés. C'est là l'état sensuel pur auquel, par une étroite association, viennent se joindre les affections irascibles ou dissociales (comme les appelle Aristote), qui, bien que d'un caractère si différent, agissent dans la même direction. Les affections sensuelles sont réprimées par l'action des affections irascibles de ceux aux dépens desquels les premières cherchent à se satisfaire, ou, en d'autres termes, par la crainte des représailles, conséquences naturelles du ressentiment. On a remarqué que c'est dans l'enfance des sociétés, comme dans l'enfance de l'homme, que l'affection sympathique a son développement le plus faible. Elle étend son influence avec l'extension de l'existence, commençant par les relations immédiates, dans lesquelles les liens du sang, les affinités, les rapports domestiques ou d'amitié ont le plus de force, et s'avançant avec l'expérience et la culture intellectuelle, dans une sphère d'action plus étendue. Les liens se multiplient et deviennent à un haut degré capables d'extension et d'accroissement. Ils forment différents cercles : ainsi naissent tour à tour le cercle domestique, social, professionnel, civique, provincial, national, ultra-national, universel ; les uns isolés, les autres dans une mutuelle dépendance. Et en proportion que les affections sympathiques peuvent être mises en action, leur tendance doit être d'accroître le bonheur de celui qui les met en pratique ; et si cette tendance productive de bonheur ne conduit à aucune conséquence d'un effet contraire, ou d'une somme égale, on a pour résultat un produit net de bonheur ajouté à la masse du bonheur général. C'est ainsi que l'affection personnelle, employée comme source de jouissances privées, met en action une grande masse de bonheur public. Il n'est pas jusqu'à la contagion du principe personnel qui ne soit bienfaisante. Un homme témoin des services rendus à quelqu'un par son voisin, contracte l'inclination de payer l'affection par l'affection, de rendre bienfaits pour bienfaits. Le mode le plus facile de s'acquitter, et en considérant son extrême facilité, ce n'est pas le moins efficace, consiste à donner en toute occasion une expression extérieure aux affections bienveillantes, d'employer dans la conversation, aussi fréquemment que possible, le langage de la bienveillance. Louer les actions vertueuses d'un homme, c'est dispenser à la vertu une récompense positive ; c'est en même temps diriger la sanction populaire vers l'encouragement d'actes semblables ; et c'est ainsi que le principe personnel produit l'affection sociale qui, à son tour, produit l'affection populaire, et de leur combinaison s'accroît le bien général.

Mais la sympathie excitée en faveur d'un individu dépend-elle de l'influence de ses actes sur le bien général ? Un homme est-il jugé à raison de la tendance de sa conduite vers le bonheur public ? Hélas ! pas toujours ; car la sympathie la plus étendue, l'approbation la plus générale, ont été fréquemment excitées, non par des actes productifs de bien, mais par des actes productifs de mal ; non par une conduite favorable au bonheur de l'humanité, mais au contraire nuisible et destructive au plus haut degré du bonheur public : par la victoire et la conquête, par exemple ; par la déprédation, la dévastation et le carnage sur la plus grande échelle ; ou par l'acquisition ou la possession du pouvoir, du pouvoir en quantité illimitée, de quelque manière qu'il ait été acquis ou qu'il ait été exercé.

Et même, relativement aux actes dont les conséquences ont été, sous quelques rapports, bienfaisantes à la société, il a pu se faire que le bienfait n'ait été ni pur de tout alliage ni prépondérant ; or, comme la tendance de la sympathie est toujours de produire la répétition de l'acte qu'elle approuve, la sanction morale, mal dirigée, peut avoir pour résultat de produire des actes définitivement pernicieux au bien-être social. Un acte qui est bienfaisant dans ses premiers effets et ses résultats les plus apparents, lorsque ses effets sont vus dans leur ensemble et froidement calculés, peut, après tout, être pernicieux. De même, un acte dont les conséquences paraissent pernicieuses au premier abord, peut, tout balancé, être bienfaisant. Dans les deux cas, il est évident que la sympathie qui conduirait à la production de l'un de ces actes, et l'antipathie qui empêcherait la production de l'autre, seraient toutes deux funestes au bonheur public, et conséquemment en contradiction avec les vrais principes de la morale. Découvrir les erreurs cachées sous la surface des choses, prévenir les aberrations de la sympathie et de l'antipathie, produire et mettre en activité les sources d'actions dont l'opération amène une balance incontestable de bonheur ; c'est là la partie importante de la science morale.

Le Déontologiste, on ne doit pas l'oublier, n'a point de puissance coercitive, et on serait peut-être porté à en conclure trop vite que sa mission est terminée lorsqu'il a rassemblé un certain nombre de phrases, impuissantes à influencer la conduite des hommes.

Mais nous osons croire qu'il peut au moins résulter de ses travaux trois conséquences favorables. Là où il ne peut créer un motif, il peut indiquer son existence. Il peut mettre en lumière et montrer l'influence qu'ont sur la conduite des hommes ces sources d'actions qui font partie de l'intelligence de chacun de nous, bien qu'inertes et cachées à l'observation ; il peut nous indiquer certaines conséquences de l'action et de l'abstinence d'action qui ne s'étaient pas présentées à nous.

En second lieu, il peut donner plus d'efficacité à la sanction morale populaire ; il peut proclamer ses arrêts ; et si cela ne lui est pas possible, il peut prendre l'initiative de ses lois et appeler l'attention publique sur des discussions propres à amener la reconnaissance de son autorité. Tout au moins, des propositions en faveur du bien public peuvent émaner de lui, avec la chance d'obtenir l'approbation de ceux à qui elles seront adressées.

Jeremy Bentham

Enfin, il peut exercer quelque influence sur les hommes qui ont en main la puissance législative ou exécutive ; il peut les amener à donner à la sanction populaire l'important appui de la sanction politique, toutes les fois qu'elle est applicable à la production de cette fin importante qui ne peut trop souvent être offerte à nos regards, à savoir, la maximisation du bonheur public.

En connexion intime avec les lois de la prudence sont celles de la bienfaisance. Dans un grand nombre de cas, l'action bienveillante est prescrite par des considérations de prudence. L'intérêt personnel ne peut, dans ses calculs, faire abstraction du bonheur d'autrui.

Chapitre XIII
Bienveillance effective-négative

Nous avons parlé de la bienveillance effective comme se divisant en deux branches, l'une, *positive*, ou qui confère des plaisirs à autrui, et l'autre, *négative*, ou qui s'abstient de leur infliger des peines. Le mot bienveillance implique disposition à faire des actes de bienfaisance. Le domaine de l'une est limitrophe de celui de l'autre : non que l'une ait nécessairement l'autre pour compagne ; il peut y avoir bienveillance sans la puissance de traduire en actes ses impulsions ; il peut y avoir bienfaisance sans la plus légère portion de bon vouloir, et par conséquent sans bienveillance.

Le bien produit par la bienveillance effective est restreint, comparé à celui que produisent les motifs personnels. Les affections sympathiques ne sont pas et ne peuvent pas être aussi fortes que les affections personnelles. Le transfert des richesses, la circulation des moyens de subsistance , la production de l'abondance, en tant que ces choses ont été faites par nous en vue du bonheur d'autrui, sont peu de chose, comparés à la somme de ce que nous faisons en vue de nous-mêmes. Ce qui est donné sans équivalent ne peut se comparer à ce qui est donné en retour d'autre chose et sous un point de vue commercial. Les contributions volontaires, faites au gouvernement dans l'intérêt public, sont bien faibles en comparaison de celles que l'État prélève par des réquisitions obligatoires.

Aux yeux du sentimentaliste, la bienveillance, accompagnée ou non de la bienfaisance, a le droit le plus étendu à son estime, et il s'efforce d'obtenir pour elle la plus grande portion de l'approbation publique. Mais la bienveillance qui ne porte pas des fruits de bienfaisance n'est qu'un arbre inutile ; et les sentiments, de quelque nom qu'on les décore, n'ont de valeur qu'autant qu'ils servent de moteurs à des actes bienfaisants. La bienveillance isolée n'est qu'une ombre de vertu ; elle n'est réellement vertu que lorsqu'elle devient effective.

On doit ajouter que, dans la plupart des cas, les inspirations de la prudence président aux lois de la bienveillance effective, et occupent avec elle, et d'un commun accord, la même place dans le domaine du devoir. Un homme qui se fait plus de mal à lui-même que de bien à autrui, ne sert pas la cause de la vertu ; car il diminue la somme du bonheur général. La bienveillance, ou sympathie, peut être une source d'inutile peine, lorsqu'elle ne peut se produire en actes de bienfaisance. La vertu n'exige pas qu'un homme se rende témoin volontaire de peines qu'il ne peut contribuer en rien à éloigner ou à soulager. Nous ne faisons de bien ni à nous ni aux autres en nous condamnant à voir des souffrances qui ne sont susceptibles d'aucun adoucissement, ou qui ne peuvent être allégées par nous.

La bienveillance effective se manifeste par des actes ; elle suppose un bien capable d'augmentation, ou un mal susceptible d'éloignement ou de diminution. Les poètes nous disent que, dans l'Élysée, chaque homme se suffit à lui-même. Ce doit être là une vie fort ennuyeuse et intolérable, un pur égoïsme, sans association de bienveillance. Otez le plaisir, et de ce qui restera vous ne ferez pas du bonheur. Autant vaudrait essayer de bâtir un palais avec de la fumée et des brouillards.

L'influence qu'un homme exerce sur la société, par ses vices et ses vertus, s'étend en raison de son élévation sociale. La puissance du bien et celle du mal augmentent simultanément. Les amours d'Henri IV ont produit une masse incalculable de maux. Il fit la guerre à l'Espagne, afin de s'approprier la femme d'autrui. Plus d'une fois, il lui arriva de laisser sacrifier une portion de son armée pour prendre ses ébats avec sa Gabrielle. Approuve qui voudra un tel monarque ; pour nous, rien ne nous y oblige. Si, en se livrant

Jeremy Bentham

à ses plaisirs, il lui était arrivé de perdre un bras ou une jambe, quels cris on eût jetés ! comme l'intérêt et la sympathie se fussent manifestés à son égard ! Il a fait périr, par sa faute, des milliers de ses partisans, sans qu'il en eût souci.

A la puissance de la position sociale, il faut joindre la puissance de l'intelligence, pour donner sanction au bien ou au mal ; Charles XII eût été plus dangereux, s'il n'eût été fou. Pour faire le mal en grand, son obstination fut aussi funeste que l'ont été les amours d'Henri IV. L'un et l'autre, dans un intérêt de jouissances égoïstes, quoique différentes, ont sacrifié des milliers d'hommes. Quand les lois de la morale seront comprises, quand la sanction populaire sera suffisamment éclairée, le monde ne sera plus victime des caprices des rois.

Dans la partie politique du domaine des actions, la recherche de ce qui constitue les lois de la prudence, ainsi que des signes auxquels on peut reconnaître les actes de la bienveillance effective, ne rentre que d'une manière indirecte dans l'empire de la Déontologie privée. Cependant, il n'est pas hors de propos d'observer que le flambeau de l'utilité pourra seul guider, d'une manière sûre, l'héroïsme du patriote. Là, comme ailleurs, les discussions dogmatiques sur le droit et les droits, ont souvent contribué à égarer les hommes, à mettre de la confusion dans les projets les plus salutaires, et à détruire l'héroïsme des intentions les plus bienveillantes. *Permettre* la résistance lorsqu'il en doit résulter plus d'utilité que de la soumission, c'est mettre un bouclier aux mains de la liberté. Enjoindre la résistance sur la foi de je ne sais quelle injonction imaginaire de la loi naturelle ou de la révélation, c'est confier une torche aux mains du fanatisme.

Quand la bienveillance effective sera ramenée sous l'empire des lois déontologiques, quand le plus grand bien, le bonheur le plus universel, deviendront le point central auquel se rapporteront tous les actes, c'est alors que commencera l'âge d'or de la science morale. Quand son influence sera partout sentie, sa présence universelle, la puissance des récompenses rendra inutile, en grande partie, la puissance des châtiments. Nul plaisir ne sera gaspillé ; nulle peine inutilement infligée. Jusqu'ici un faible rayon de bienveillance universelle a jeté une lueur incertaine sur le champ des actions humaines. Quelquefois d'inutiles méditations l'ont absorbé ;

d'autres fois, il s'est exhalé en déclamations périodiques, trop souvent voilé de mystère, ou dispersé par l'orage des passions égoïstes.

La partie négative de la bienveillance effective consiste à s'abstenir d'agir, là où cette abstinence écarte une peine, ou crée un plaisir dans la pensée ou la personne d'autrui. Cette partie de la vertu présuppose le pouvoir d'infliger une souffrance ou de conférer une jouissance, et elle est destinée à arrêter les effets de cette disposition qui, si on la laissait agir, augmenterait la somme de malheur, ou diminuerait la somme de bonheur.

Elle a pour objet d'arrêter la parole ou l'action qui infligerait du mal à autrui, et, s'il est possible, de réformer la pensée propre à créer ou à exciter l'action ou la parole, ayant une tendance ou un effet funeste. Afin de lui donner de l'efficacité, il est à propos de remonter à l'origine des motifs hostiles à cette classe de vertus. On trouvera cette origine :

1. Dans l'intérêt personnel qui, en effet, dans certains cas, peut se trouver en hostilité avec les sympathies bienfaisantes, et, dans de telles occurrences, il faut que ces dernières succombent. Il n'y a pas de remède ; elles sont les plus faibles. Heureusement que ces cas sont rares ; car il est rare qu'un mal quelconque soit infligé, sans qu'il y ait réaction de la part de celui qui en est victime. Un homme ne peut en haïr un autre, sans qu'en retour il ne suscite contre lui-même quelque portion de haine. Il ne peut agir contre un autre d'une manière hostile, sans retrancher quelque chose des affections amicales de cette personne à son égard. Toute voix, soit de bienveillance, soit de malveillance, a un écho ; il y a une vibration qui répond à tout acte, soit en bien, soit en mal. Ceci fait rentrer la bienveillance qui s'abstient dans le domaine de la prudence personnelle, à laquelle, après tout, la bienveillance doit définitivement en appeler.

2. La crainte de se déranger, l'insouciance, sont une autre cause de l'absence du principe d'abstinence. Il y a des hommes qui ne prendront pas la peine d'éviter une peine à autrui. Ils n'ont aucun désir particulier de nuire ; mais ils ne se dérangeront pas pour vous éviter un inconvénient. Ils aiment mieux dormir qu'agir. Ils énoncent une opinion hasardée, pour s'épargner la peine d'une recherche. Ils agissent à la hâte, et se compromettent de gaîté de cœur. Ils ne prennent pas la peine de se demander à eux-mêmes s'ils doivent douter ; encore moins sont-ils disposés à appliquer le vieil adage : « Dans le doute, abstiens-toi. » Une prompte décision flatte leur paresse. Ils aiment à se débarrasser d'une question dont la discussion ou l'examen eût coûté quelque chose à leur attention. Ils pensent, par une solution péremptoire, s'être déchargés d'un fardeau.

3. Les intérêts de l'orgueil et de la vanité étouffent souvent la voix de la bienveillance qui s'abstient. C'est un instrument bruyant et sonore, qui fait taire la voix de la philanthropie.

L'orgueil et la vanité produisent le dogmatisme. Ils s'attribuent une supériorité, et cette supériorité cherche sans cesse à se produire par la parole. Ils trouvent, dans quelque acte que ce soit, des motifs de réprimande ; insouciants des conséquences, ils réprimandent.

La bienveillance commencerait par s'enquérir, si la réprimande a chance d'être utile, soit au réprimandeur, soit au réprimandé. La vanité et l'orgueil sont trop orgueilleux et trop vains pour demander ou pour recevoir les conseils de la morale.

Quelquefois ils donnent des avis inopportuns ou déplacés. La bienveillance leur aurait appris à s'en abstenir. Des conseils déplacés sont des paroles en pure perte, qui produisent sur la personne conseillée une peine sans compensation, peine beaucoup plus grande que le plaisir savouré par la vanité conseillère.

Il est d'autres occasions où l'orgueil et la vanité consistent à communiquer bénévolement des informations qui ne sont ni désirées, ni acceptées en bonne part. L'information peut paraître un reproche à celui qu'elle prétend instruire. Elle prend souvent les dehors de la suffisance et du dogmatisme. Comment s'étonner qu'elle trouve des rebelles ?

Dans toutes ces occasions, et il en est un grand nombre d'autres encore, la bienveillance effective met son *veto*.

4. Les intérêts du mauvais vouloir, ou l'antipathie. Ceux-là prennent des formes multipliées, et demandent un double frein ; car ils sont funestes aux deux parties, et, de l'un comme de l'autre côté, laissent après eux un surplus de mal-être. Ils sont d'autant plus funestes qu'il n'est pas toujours possible d'apercevoir la nature

malveillante de leur origine.

Quelquefois, c'est la rivalité de position qui les fait naître.

Cet homme peut avoir obligé votre paresse à se déranger ; il peut avoir blessé votre orgueil ou votre vanité, avoir nui à votre ami, avoir calomnié vos opinions politiques ou religieuses : ce n'est pas une raison pour lui faire du mal. La morale et votre propre intérêt exigent que vous vous absteniez de lui faire du mal. Pesez les résultats, les peines du mauvais vouloir, le plaisir de la vengeance, puis la réaction de la vengeance sur vous-même, et peut-être sur autrui. Vous trouverez qu'en ce qui vous concerne, qu'en ce qui concerne votre intérêt personnel, la balance est contre vous ; et quant à ce qui concerne l'individu qui est l'objet de votre mauvais vouloir, il y a une somme de souffrance sans déduction aucune.

En outre, vous donnez une preuve non seulement d'immoralité, mais de faiblesse. Vous n'avez aucune influence sur l'esprit de celui qui vous déplaît ; vous faites voir, à la fois, qu'il y a en vous absence de contrôle sur vous-même et malignité d'intention, preuves de faiblesse intellectuelle et de défectuosité morale.

Le mauvais vouloir trouvera encore, dans les différences de goûts, matière à des actes que la bienveillance réprime ; ces différences ont souvent servi de base à des paroles ou à des actes de haine ; et dans aucune partie du domaine de l'action, la malveillance ne s'est précipitée avec plus d'acharnement. C'est là, surtout, qu'il faut s'appliquer à éviter tout ce qui peut produire de la peine ; ce soin est de rigueur partout où la peine infligée est inutile ou funeste, et c'est ici, surtout, qu'elle a ce caractère.

Enfin, la bienveillance effective, dans ses nécessités négatives, exige qu'en toute occasion on s'abstienne de l'inflictiou du mal, excepté là où cette infliction met fin à un plus grand mal, ou amène un bien plus qu'équivalent.

Son action ayant pour objet d'éviter des peines à autrui, il est important, pour l'estimation exacte et complète de son opération, d'étudier toutes les sources de peines. Afin de se procurer le remède, il faut savoir ce qu'il coûte ; et cela est d'autant plus nécessaire, qu'il y a une multitude de maux dont on paraît ignorer beaucoup trop l'existence ou les conséquences douloureuses.

Examinez les diverses classes de peines et de plaisirs, ainsi que

Jeremy Bentham

leurs modifications ; considérez les peines dont les sens sont susceptibles, celles-là, comme de raison, dont la répression n'appartient pas à la législation pénale ; considérez aussi les peines de privation, les plaisirs résultant d'une bonne réputation, en un mot, tout l'arsenal des jouissances et des souffrances. Faites entrer en ligne de compte les susceptibilités générales, et, autant que leur appréciation est possible, les susceptibilités individuelles.

Les vertus secondaires qui se rattachent à cette branche de la Déontologie, sont celles de la politesse et du savoir-vivre ; c'est ce qui constitue, à proprement parler, la petite morale. Le savoir-vivre s'applique à toutes les occurrences ordinaires, et qui, prises séparément, paraissent peu importantes ; il consiste à s'abstenir de ce qui peut faire de la peine à autrui. Lorsque, dans ces occasions, on fait des actes qui confèrent du plaisir à autrui, ces actes appartiennent non à la branche négative ou d'abstinence, mais à la branche positive ou d'action. Mais c'est à la première que doivent se rapporter la plupart des lois du savoir-vivre ; et ici son exercice est constamment nécessaire, et le domaine de son action est vaste. La prudence personnelle la plus ordinaire et la plus indispensable, est un frein suffisant à la grossièreté et aux mauvaises manières. La disposition à contribuer, par tous les moyens permis, à la satisfaction des autres, et à s'abstenir de tout ce qui peut leur déplaire, c'est ce qui constitue la véritable politesse et le vrai savoir-vivre.

Chapitre XIV
De la bienveillance
effective-positive

La branche négative de la bienveillance effective comprend, comme nous l'avons vu, l'action ou plutôt la négation d'action par laquelle on évite l'infliction de peines à autrui ; la branche positive consiste dans les actes qui ont pour résultat de conférer du plaisir à autrui. Cette branche est beaucoup moins considérable que l'autre, en ce que le pouvoir que nous possédons (ou que du moins possède la majorité des hommes) de communiquer du bonheur à autrui, est beaucoup plus restreint que la puissance que nous avons de leur faire du mal. Il n'est presque pas d'homme qui n'ait le pouvoir d'infliger une peine, sous une forme quelconque, à presque chacun des êtres qui l'entourent.

Il est beaucoup de peines qu'un homme peut faire souffrir à un autre, qui n'ont aucun plaisir correspondant dont il puisse lui offrir la jouissance. Il n'est aucun de nos sens qu'il ne soit au pouvoir d'autrui d'affecter d'une manière désagréable ; mais ces mêmes sens ne sont pas également propres à percevoir le plaisir qu'on voudrait leur communiquer contre notre gré, ou sans l'intervention de notre volonté. Tout homme en peut frapper ou blesser un autre ; mais il n'appartient pas à tout homme de pouvoir ajouter au bonheur d'un autre. La limitation de ce pouvoir est la conséquence nécessaire de ce fait, que l'homme est, dans une grande proportion, le créateur et le gardien de son propre bonheur. La portion pour laquelle il dépend d'autrui est petite ; celle pour laquelle il ne dépend que de lui-même est grande ; et c'est dans cette influence sur son propre bonheur que ce bonheur, en grande partie, consiste. Qui jugera des peines et des plaisirs aussi exactement que celui qui les éprouve ? Quel est celui, si la chose était possible, qui confierait aux mains d'un autre, une domination absolue sur ses jouissances et ses souffrances ? Confierions-nous, pour un seul jour, à l'incessante surveillance, au dévouement sympathique, à l'absolue sagesse de qui que ce soit, toutes les sources de peines ou de plaisirs que nous avons dans nous et hors de nous ? Un moment d'oubli, un moment de malveillance, un moment d'ignorance, et tout l'édifice de notre félicité pourrait être brisé. Il est heureux pour l'homme qu'il soit le maître de son propre bien-être, et qu'à quelques rares exceptions près, il ne puisse s'en prendre qu'à lui-même lorsqu'il n'a pu se le procurer.

Mais est-ce une privation que nous impose cette bienveillance ellective-positive ? Son action tend-elle à nous *appauvrir* ? Nous ôte-t-elle plus qu'elle ne nous donne en amour ? Il n'en est rien, car alors elle rentrerait dans la région de l'imprudence, et la prudence est la première vertu de l'homme. Il n'y a rien d'ajouté au bonheur, si la prudence perd plus que la bienveillance ne gagna.

Quoi qu'il en soit, il est une portion considérable de bienveillance qui peut être mise en activité sans aucun sacrifice. Il y a eu, et il est encore des hommes qui considèrent tous les services rendus à autrui comme une perte pour eux-mêmes : sentiment étroit et funeste ; car il est au pouvoir de chacun de faire du bien gratuitement, ou à si peu de frais, que ce n'est pas la peine d'en parler. Faire une *faveur* de ce qui doit être une contribution spontanée et volontaire au bonheur d'un autre, c'est faire preuve d'une philanthropie de bas aloi ; tandis que d'autre part, jamais la bienfaisance ne brille aux regards du public d'un éclat plus pur, jamais elle n'est plus digne d'éloge que lorsqu'elle évite de faire étalage de ses sacrifices. Et ici, la sanction populaire est d'accord avec le principe déontologique.

La bienveillance et la bienfaisance sont maximisées, lorsqu'aux moindres frais possibles pour lui-même, un homme produit pour autrui la plus grande quantité de bonheur. Perdre de vue son propre bonheur, ne serait pas vertu, mais folie : mon propre bonheur forme et doit former une portion aussi grande du bonheur général, que le bonheur de quelque autre individu que ce soit.

Or, supposons qu'un homme confère à autrui une portion de bonheur moindre que celle qu'il sacrifie ; en d'autres termes, supposons que, pour procurer à quelqu'un une certaine somme de plaisir, il renonce pour lui-même à une somme de plaisir plus considérable ; ce ne serait pas là de la vertu, mais bien de la folie ; ce ne serait pas de la bienveillance effective, mais un faux calcul : la somme du bonheur général s'en trouverait diminuée.

C'est là une occurrence qui ne peut jamais avoir lieu d'une manière intentionnelle ; nul, à moins d'être fou, ne gaspille ou ne désire voir gaspiller le bonheur, encore moins le sien propre.

L'impulsion naturelle à chaque homme, le porte à économiser le bonheur. Lorsqu'il fait le sacrifice de son bonheur au bonheur des autres, ce ne peut être que dans un intérêt d'économie ; car si, de manière ou d'autre, il ne retirait plus de plaisir du sacrifice, qu'il ne comptait en retirer en s'abstenant de faire ce sacrifice, il ne le ferait pas, il ne pourrait pas le faire. Supposons qu'il y ait égalité entre le plaisir sacrifié et le plaisir communiqué ; supposons qu'il ne s'en perde aucune portion dans ce transfert, alors viennent les plaisirs de la sympathie, qui entrent dans le bonheur de l'homme pour une portion aussi considérable qu'aucun des plaisirs purement personnels : ceux-là font pencher la balance, et l'homme qui les recherche est le juge le plus compétent, pour ne pas dire le seul juge compétent de leur valeur.

En supposant qu'il se trompe dans son calcul, cela ne change rien à la question. La Déontologie a pour mission de lui apprendre à bien calculer, de mettre sous ses yeux une évaluation exacte de la peine et du plaisir ; c'est un budget des recettes et des dépenses, dont chaque opération doit lui donner pour résultat un surplus de bien-être.

Et ici, remarquons en passant que le Déontologiste, soit dans ses discours, soit dans ses écrits, est lui-même un exemple de l'application du principe de la bienveillance effective-positive ; ce qui encouragera ses efforts, c'est la pensée que par-là, peut-être, il produit plus de bonheur, et à moindres frais, qu'aucun autre moyen ne pourrait en produire. Et en effet, ne contribue-t-il pas à agrandir le domaine du bonheur ? Et que lui en coûte-t-il pour cela ? le soin d'arranger et de combiner quelques phrases. Ces vérités, qui ne lui ont coûté que la peine de faire entendre quelques paroles ou d'emprunter dans ce but la voix infatigable de la presse, n'auront-elles pas pour résultat certain d'étendre le domaine de la félicité jusque dans des régions qui n'auront de limites que celles que la faiblesse de notre nature impose à toutes les entreprises de l'homme ? C'est un acte positif de bienveillance effective que de déposer la semence de fruits utiles ou de fleurs brillantes dans un terrain laissé, de tout temps, sans culture. Combien elle est plus efficace, la bienveillance de celui qui jette des semences desquelles doit naître la félicité humaine, la félicité féconde, multiforme, permanente !

Et qu'on n'oublie pas que plus sera grande l'indigence de celui qui reçoit, plus grande sera la valeur du don ; plus grand sera le besoin, plus grand le bienfait. Or, il est certain que des principes erronés d'action ont produit beaucoup d'indigence morale, beaucoup de malheur, que le moraliste éclairé a la mission de faire cesser. Quelle mission plus haute que celle-là ! Quelle occupation plus noble ! En rendant aux autres d'inestimables services, il établit son droit irrésistible aux services des autres ; il exerce une puissance qui, elle-même, est un plaisir, la plus délicieuse des puissances, celle de la bienfaisance ; il l'exerce à l'égard de tous, sans distinction ni exception.

Jeremy Bentham

En cela, point de sacrifice, point de sacrifice d'intérêt personnel ; c'est par ces moyens, et d'autres semblables, que chacun peut seconder les progrès et accélérer le triomphe du bonheur universel. Chaque homme a plus ou moins de temps à sa disposition. Combien en est-il à qui le temps pèse de tout son poids ? Que ne le mettent-ils à profit ! Que n'en jouissent-ils ? Qu'ils l'emploient à faire le bien !

La bienfaisance a pour carrière le monde entier, mais plus spécialement les lieux où chacun exerce une influence particulière, soit personnelle, soit domestique, soit sociale. Les occasions qu'on peut trouver pour l'exercer, dépendent en partie de ces influences : avec nos inférieurs ou nos égaux, les occasions sont permanentes ; avec nos supérieurs, transitoires. Dans le second volume, consacré à la pratique, nous nous occuperons d'une manière spéciale de ces rapports.

Chapitre XV
Analyse des vertus et des vices

Le terrain est déblayé ; les fondements de l'édifice moral sont jetés. Ce qui nous reste à faire, c'est de balayer les débris d'alentour, ou de prendre, parmi ces fragments épars, ceux qui peuvent servir à l'architecte moral dans la construction du temple de la vertu. Partout où la prudence, partout où la bienveillance effective s'offriront à nos regards, nous les retirerons des ruines qui ont, jusqu'à ce jour, encombré le domaine de la morale ; là où nous ne trouverons ni l'une ni l'autre, adopte qui voudra l'imposture pour vertu : elle ne trouvera pas admission céans.

Il en sera de même du vice. Nous n'en voulons point à l'action qui ne nuit ni à l'individu qui agit, ni à tout autre, et qui ne diminue en rien la somme de bonheur ; encore moins à l'action qui, quelque nom qu'on lui donne, laisse pour résultat définitif un surplus de jouissance.

Les vertus et les vices sont des habitudes volontaires ; si elles ne sont pas volontaires, les paroles du moraliste sont jetées aux vents. Aux deux branches de la vertu, la prudence et la bienveillance, correspondent deux branches du vice : l'imprudence, par laquelle un homme se nuit principalement à lui-même ; et l'improbité, qui nuit principalement à autrui.

Peu importe dans quel ordre ces vertus et ces vices se présentent, on ne peut les discipliner ; ils ne sont susceptibles d'aucune classification fixe : c'est un corps rebelle dont les membres sont fréquemment en guerre l'un contre l'autre. La plupart se composent d'une portion de bien, d'une portion de mal, d'une portion de matière neutre ; elles sont caractérisées par un certain vague qui peut convenir au moraliste poétique, mais que le moraliste pratique trouve inutile et dangereux.

Ici, les trois vertus appelées communément cardinales, se présentent naturellement d'abord à la pensée.

A quels actes a-t-on coutume d'attacher la gloire du courage ? à ceux par lesquels un homme s'expose volontairement à un péril qu'il aurait pu éviter, au danger, à des peines corporelles, à la mort.

La vertu du courage est proportionnée à la grandeur du danger, à l'intensité ou à la durée de la peine, ou à la probabilité de la mort.

Est-il désirable, dans l'intérêt définitif de la société, que l'homme s'expose ainsi ? C'est là qu'est la mesure de toute espèce de mérite. Avancera-t-il son bien-être ou celui des autres ? si les deux intérêts, le sien, et celui d'autrui, sont incompatibles, auquel est-il désirable qu'il donne la préférence ? Il est possible que ceci soit difficile, trop difficile peut-être à savoir ; cependant il faut le savoir ; et, si on le peut, la chose en vaut la peine.

L'objet qu'il s'agît de procurer est utile à l'individu lui-même ou aux autres. Le danger auquel il s'expose est le prix auquel l'objet est acheté. L'objet vaut-il ce qu'il a coûté ? Y a-t-il bénéfice dans le marché ? C'est là la question, la seule digne de nous occuper. Quant à savoir si l'acte par lequel il s'expose au danger supposé, est ou n'est pas un acte de courage, c'est une question qui ne vaut pas les paroles employées à la formuler.

Et la question n'est pas seulement inutile ; elle est positivement pernicieuse ; car de telles questions mettent de la confusion dans les idées, embarrassent l'esprit dans des discussions inconvenantes, et les éloignent du sujet convenable d'investigation, savoir l'union des intérêts et des devoirs.

Jeremy Bentham

Or, supposons un acte nuisible à ces intérêts, et que cet acte soit regardé comme méritant l'appellation de courage. Quelles seront les conséquences pratiques ? C'est que le courage étant une vertu, l'acte nuisible en question est un de ceux dont l'accomplissement nous est commandé.

Supposons aussi que l'acte le plus propre à concourir au bonheur général, ne mérite pas l'appellation de courage ? Qu'en résultera-t-il ? Si le courage est une vertu, l'acte le plus propre à concourir au bonheur général, doit nécessairement être un acte vicieux et insensé.

Merveilleuse est l'absurdité, grand l'aveuglement, palpable l'inconséquence du disciple d'Aristote, du moraliste d'Oxford, au sujet du courage. Suivant lui, qu'est-ce qui constitue le courage ? Est-ce la grandeur de la peine qu'un homme continue d'endurer ? Nullement. Est-ce la grandeur du danger ; c'est-à-dire, de la souffrance éventuelle à laquelle il s'expose volontairement ? Non, sans doute. Qu'est-ce donc ? c'est la nature de l'occasion dans laquelle la souffrance est endurée, ou le danger encouru. Si l'occasion est approuvée par le moraliste, il y aura courage ; si l'occasion a le malheur de ne pas obtenir sa sanction, il n'y aura pas de courage.

Dans une bataille, ou ailleurs, un homme expose sa vie, ou même la perd. Est-ce un homme courageux ? Son action est-elle une action de courage ? Allez le demander au professeur d'Oxford, et il ne vous le dira que lorsqu'il saura sous quel drapeau cet homme a combattu. Apprenez-moi quelle a été l'occasion de sa mort, dira-t-il ; si j'approuve l'occasion, alors c'est un acte de courage ; sinon, non.

Le professeur établit quatre exceptions évidentes et spéciales ; les suicides, les duellistes, les voleurs, enfin les hommes qui se dévouent aux dangers ou à la mort pour la défense de leur liberté ; ce ne sont pas là selon lui des hommes de courage ; leurs actes ne méritent pas qu'on leur applique cette qualification.

Un homme qui met fin à ses jours ne peut être un homme courageux. Savez-vous pourquoi ? Parce que le suicide n'est pas permis.

Un homme qui tue ou qui est tué en duel ne peut être un homme de courage, Savez-vous pourquoi ? Parce qu'il ne devait pas se battre.

Un homme qui meurt dans la défense de sa liberté doit être un lâche, il n'avait pas la justice de son côté.

Un brigand joue le héros. Est-ce un homme courageux ? Non, car qu'avait-il à faire sur les grands chemins ?

Si la logique était de rigueur, si dans les croyances orthodoxes et reçues, l'absurdité pouvait être un empêchement à la foi, on demanderait à ces gens de vouloir bien faire l'application de leur principe.

Dans toute la foule des conquérants, nous chercherions en vain un homme de courage. Les Alexandre, les César, les Gengis-Khan, les Napoléon, qu'étaient-ils ? rien moins que des hommes de courage.

Quand la protection accordée à l'absurdité est telle que personne n'ose desserrer ses dents contre elle, sa marche est hardie et imposante. Vous pouvez à votre choix accorder ou refuser la palme du courage à ceux qui affrontent volontairement les dangers ou la mort ; ces hommes seront courageux ou lâches, comme vous l'entendrez.

La tempérance se rapporte aux plaisirs des sens. Elle désigne habituellement l'abstinence des jouissances d'un ou deux sens ; mais on ne voit pas pourquoi on lui donnerait une acception aussi restreinte. La question de vertu doit être décidée par l'influence des jouissances des sens sur nous-même et sur autrui.

L'intempérance, quand elle est funeste à l'individu lui-même, est une infraction aux lois de la prudence.

Une jouissance est bonne ou mauvaise selon que le plaisir ou la peine y domine. L'abstinence qui ne laisse pas après elle un surplus de plaisir n'a pas le caractère de la vertu ; la jouissance qui ne laisse pas une balance de peine ne peut justement être flétrie du nom de vice.

Il existe dans le monde une grande répugnance à abandonner à l'homme le soin et la direction de ses plaisirs ; il se manifeste au contraire une violente disposition à décider de ce qui, dans l'idée de chaque homme, doit ou ne doit pas être considéré comme plaisir. Les épithètes d'impropres, d'illégitimes, et d'autres semblables, sont fulminées contre certaines actions afin de jeter de l'odieux sur elles, comme si elles constituaient des preuves d'immoralité ; cela fait partie de cette phraséologie commode, derrière laquelle le dogmatisme se retranche, contre l'analyse que pourraient lui appliquer les doctrines de l'utilité.

La prudence et la bienveillance effective, on ne sauvait trop le répéter, étant les deux seules vertus intrinsèquement utiles, toutes les autres doivent tenir d'elles leur valeur, et leur être subordonnées.

Ainsi, la justice est-elle une vertu secondaire et inférieure ? Et dans ce cas, à quoi doit-elle être rattachée ? C'est avant que l'art de la logique ne fût compris, et surtout avant qu'ou eût appris à mettre quelque ordre dans les classifications, et à produire des résultats exacts et complets, qu'ont été introduites les idées relatives à la vertu, et les noms qui les désignent. Les rapports entre une vertu et une autre étaient obscurs et vagues ; leur description confuse, les points de coïncidence ou de différence non précisés ou indéterminés. Logiquement parlant, elles étaient *disparates* ; mathématiquement, elles étaient incommensurables.

L'école d'Aristote a introduit sur les vertus, les définitions et la classification que nous avons vues. Plusieurs ont été divisées en espèces : mais, à l'examen, on voit qu'on a classé sous les mêmes noms génériques, des vertus qui n'ont entre elles aucune relation assignable ; et quelques-unes dans lesquelles le caractère du genre sous lequel elles sont rangées, n'est pas discernable. Il arrive fréquemment que les modifications rapportées à une vertu appartiennent à une autre ; le tout présente un ensemble compliqué et confus. L'histoire naturelle a eu son Linné qui a rétabli dans le chaos, l'ordre et l'harmonie ; le Linné de la morale est encore à venir.

La justice, dans le système de l'utilité, est une modification de la bienveillance. Elle rentre dans l'objet de cet ouvrage, toutes les fois que la sanction politique ou la puissance de la loi n'est pas applicable, dans tous les cas où la sanction de l'obligation morale n'est pas appuyée de dispositions pénales.

L'insuffisance et l'imperfection de la sanction politique ou légale se manifestent dans une portion considérable du domaine de la morale ; et il y a nécessité de recourir aux lois de la sanction morale, guidées par l'utilité, dans les cas suivants :

Lorsque la sanction légale se tait, ou, en d'autres termes, n'a pas prévu le cas en question ;

Lorsque la sanction légale est opposée au principe de la maximisation du bonheur, ou lui est incompatible ;

Lorsque les prescriptions de la sanction légale sont confuses ou inintelligibles ;

Lorsqu'elles sont impraticables.

Dans tous ces cas, les prescriptions de la justice seront celles de la bienveillance, et les prescriptions de la bienveillance celles de l'utilité.

Il serait logique de comprendre le mot de probité dans celui de justice, car ces mots sont évidemment synonymes ; s'il existe entre eux une différence, elle est plus grammaticale que morale. En effet, quoiqu'on dise rendre la justice, on ne dit pas rendre la probité, bien que tout acte d'injustice soit en fait un acte d'improbité, et tout acte de justice un acte de probité.

Le mot justice est chargé d'exprimer d'autres significations qui, comme terme moral, lui ôtent de son efficacité.

Il peut, par exemple, s'employer comme synonyme de judiciaire, d'autorité judiciaire. On dit de celui qui exerce les pouvoirs judiciaires qu'il administre la justice ; mais on ne dit pas qu'il administre la probité, et on n'attache pas à cette expression le sens de probité.

De là un grand mal et une source d'erreurs ; car si, dans l'exercice de sa charge, ce fonctionnaire se rend manifestement coupable d'improbité, on n'en continuera pas moins de dire de lui qu'il administre la justice ; l'improbité prendra le vêtement de la justice. Il dira, et ses amis diront de lui, qu'il administre la justice ; et ceux qui auront de lui une opinion défavorable, seront fort embarrassés pour trouver une phraséologie différente qui lui soit applicable. Cependant personne ne dira de lui qu'il administre la probité. C'est là l'un des milliers de cas où des expressions vagues et indéfinies servent à abriter la mauvaise foi et l'immoralité.

Les plaisirs et les peines de l'amitié sont en petit les plaisirs et les peines de la sanction populaire ou morale. Dans le premier cas, leur source est dans un individu spécial ; dans le second, elle est dans une multitude indéfinie.

Quand les plaisirs de l'amitié sont-ils désirables ? Quand on peut se les procurer sans la production d'un mal plus qu'équivalent, sans l'infraction des lois de la prudence personnelle. Jusqu'à quel point leur recherche doit-elle être poussée ? Jusqu'à la limite précise de leur conformité avec les vertus cardinales de la prudence et de la bienveillance ; et on se convaincra qu'entre ces vertus et les plaisirs et les peines de l'amitié, il y a rarement concurrence.

Pour obtenir la faveur, l'amitié d'un autre, le moyen le plus naturel est de lui rendre service, ces services n'ayant de limites que celles de la bienveillance et de la prudence. Les limites que la bienveillance effective met à l'exercice de l'amitié sont celles qui s'appliquent à la recherche des richesses. Si les services que vous obtenez de celui dont vous recherchez l'amitié consistent à vous conférer des richesses, en poursuivant l'amitié c'est la fortune que vous poursuivez ; et la poursuite de cette amitié serait contraire à 1a bienveillance, en tant que la poursuite de la fortune avec les jouissances et les exemptions qu'elle amène, lui serait elle-même contraire.

Les plaisirs que procure l'amitié ont ce caractère distinct et intéressant que leur production est, dans une proportion presque égale, l'œuvre de la prudence et de la bienveillance réunies.

En effet, quelque empreints d'égoïsme que puissent être les désirs formés, ne fussent-ils même pas relevés par la sympathie sociale, les effets n'en sont pas moins purement bienfaisants. Les intérêts de celui qui recherche l'amitié d'un autre peuvent être servis ou ne l'être pas, il n'en est pas moins vrai que la personne dont l'amitié est recherchée voit ses intérêts servis dans une proportion presque égale à ce qu'elle aurait obtenu pour elle-même, si elle avait recherché elle-même le plaisir qui lui a été conféré. Et, bien que ce plaisir ne soit pas le produit de la sympathie ou de la bienveillance, il n'en est pas moins produit ; et le bien qui en résulte, quoique n'émanant pas d'une vertu première, a autant de prix que s'il en émanait. Tout le mérite de la bienveillance elle-même consiste dans sa tendance et son aptitude à produire la bienfaisance ; et il ne peut naître aucun mal de l'excès des affections de l'amitié, excepté lorsqu'elles sont en opposition avec les vertus premières.

Proportionné à la valeur des services qu'un homme est réputé avoir le pouvoir et la volonté de conférer, est le nombre des compétiteurs à l'obtention de ces services. Ici, comme en tout notre cas, la concurrence produira la jalousie ; et tout concurrent qui sera réputé avoir obtenu une plus grande part qu'un autre, sera pour cet autre un objet d'envie. Cette envie s'efforcera de produire une réaction de mauvais vouloir sur la personne qui en est l'objet ; et le but de ses efforts immédiats sera de ravaler le mérite de l'individu favorisé, aux yeux de celui par qui les faveurs sont conférées.

Néanmoins il est un tribunal qui prononce sur ces prétentions rivales, c'est celui qui adjuge la bonne renommée et l'estime générale. Tout homme qui veut prendre part au jugement fait partie de ce tribunal. À sa barre, l'homme qui se constitue le détracteur du mérite d'un autre joue le rôle de dénonciateur, et sa conduite est communément attribuée à des motifs peu honorables. Quels que soient ces motifs, des qualifications sévères et déshonorantes pourront flétrir sa conduite, et c'est ainsi que la sanction populaire est appelée à réagir sur l'impulsion personnelle.

Le mot servilité est un de ceux qu'on applique d'ordinaire dans ces occasions. Ses synonymes et quasi-synonymes sont très nombreux, et sa signification est d'un caractère extrêmement vague et indéterminé.

Tant pis ; aucune idée précise n'y étant attachée, l'accusation n'en devient que plus redoutable.

En y regardant, on verra que le mot servilité désigne l'habitude de rendre à un supérieur des services qui, d'après les idées reçues de convenance, ne doivent pas être rendus. Comme règle de conduite, le principe, tant de fois rappelé, de la balance des plaisirs et des peines, trouvera ici comme partout son application.

Rendre à chacun tous les services possibles, là où la prudence ni la bienveillance n'ont rien à objecter, c'est évidemment le précepte et le devoir de la bienfaisance ; et dans le cas dont nous nous occupons, les prescriptions de la bienveillance ont toute leur force, sans que la prudence leur oppose une force contraire.

Mais ici, comme presque toujours, deux forces contraires sont en présence, celles du mouvement et de la résistance, la légitime influence de la première de ces forces n'étant limitée que par celle de la seconde.

La vertu de la bienfaisance, bien qu'elle embrasse le monde entier, peut s'exercer dans des limites très restreintes ; et plus limitée encore est la sphère de son action lorsqu'elle ne s'applique qu'à un individu. Et il est bien qu'il en soit ainsi ; car si chaque homme était disposé à sacrifier ses propres jouissances aux jouissances des autres, il est évident que la somme totale des jouissances serait diminuée, et même détruite. Le résultat serait non le bonheur, mais bien le malheur général. C'est pourquoi la prudence impose des limites à la bienveillance, et ces limites n'embrassent pas un large espace.

Dans le cas dont il est ici question, la prudence non seulement n'interdit pas, mais prescrit même l'obligation de rendre des services à ses supérieurs, services devant être rendus dans la plus grande quantité compatible avec l'assurance que la valeur des services reçus en retour ne sera pas inférieure à celle de la souffrance, de l'abnégation ou du sacrifice encourus afin de les obtenir. La prudence fait une sorte de marché du genre de ceux qui servent de base à toute transaction commerciale. On compte que la somme dépensée rapportera un peu plus que sa valeur. Aucune dépense n'est désavantageuse lorsqu'elle produit un équivalent. Toute dépense est avantageuse lorsqu'elle produit un équivalent, et quelque chose en sus.

Voilà donc la prudence agissant dans deux directions, prescrivant la dépense en tant qu'elle promet un retour profitable, la prohibant au contraire là où un retour profitable ne peut être raisonnablement prévu. Mais ici, comme ailleurs, pendant que la prudence cherche à réaliser le bénéfice en question, aucune des lois de la bienveillance ne doit être violée.

Et comment s'assurer des prescriptions de la prudence personnelle ? Par quoi sont-elles déterminées ? par la balance d'un compte qui doit embrasser les différentes divisions dans lesquelles les plaisirs et les peines peuvent être classés. La prudence, en toute occasion, suppose et prescrit le sacrifice de certains plaisirs et de certaines exemptions à d'autres exemptions et à d'autres plaisirs. Il faut se prononcer pour l'une des deux sommes rivales, et il y a sagesse à se décider, pour la somme la plus forte.

Dans le cas dont il s'agit ici, l'alternative est entre les plaisirs de l'amitié et les peines de la sanction populaire. Il est certains services qu'un homme ne peut rendre sans s'exposer à la perte de sa réputation ; et cela est vrai de services qui ne sont point du tout incompatibles avec les vertus premières. La coutume et les bienséances ont établi à cet égard une multitude d'interdictions que confirme difficilement une intelligence exacte de ce qu'exigent la prudence et la bienveillance.

Dans les divers degrés de la civilisation, ces interdictions ont subi des modifications nombreuses. Plus l'échelle des dignités est élevée, plus la distance est grande entre le premier et le dernier échelon, moins la coutume a introduit de restrictions à cet égard. Plus l'égalité sociale est grande, moins on laisse de latitude à de tels services, plus on y apporte de restrictions. Si nous remontons aux temps anciens, nous voyons dans la conduite et le langage un caractère obséquieux qu'on ne tolérerait point aujourd'hui. Alors des habitudes de soumission et des expressions d'humilité étaient considérées comme convenables, prudentes, et faisaient même partie du savoir-vivre, qui seraient regardées aujourd'hui comme des preuves de servilité, de bassesse et d'avilissement, et attireraient sur leur auteur tout le mépris public. Ce même contraste, nous le retrouvons dans l'Orient. Dans ces contrées lointaines, sous ces gouvernements absolus, la distance entre le plus haut et le plus bas degré est presque infinie ; d'un degré à un autre la distance est énorme ; en sorte que là il n'est point d'obséquiosité déplacée, point que l'opinion réprouve. Dans les individus de la classe inférieure, l'avilissement individuel est un moyen de conservation, et la servilité la plus basse est exigée par la prudence.

Le même homme qu'on voit se courber et ramper devant un supérieur, est hautain et même insolent avec son inférieur. Cela arrive chaque jour, et rien n'est plus simple. Il est naturel que l'homme servile cherche à s'indemniser de ce qu'il souffre par des jouissances de la même nature. Mais en contentant ainsi son orgueil, il provoque l'inimitié, par l'inimitié les mauvais offices, et par les mauvais offices la souffrance sous toutes les formes imaginables. En se procurant ce plaisir a-t-il gagné quelque chose ? Cela dépend de ses goûts individuels, et quelquefois aussi du hasard.

Jeremy Bentham

L'orgueil et la vanité sont des dispositions de l'esprit qui ne se manifestent pas nécessairement, et même habituellement par des actes isolés. Il y a entre l'orgueil et la vanité une relation intime, et leur examen simultané est le moyen de se former des idées justes de l'un et de l'autre. Ils consistent tous deux dans le désir de l'estime, prenant dans chacun une direction différente, et employant des moyens divers pour se satisfaire. L'homme orgueilleux et l'homme vain ont tous deux en vue l'estime de ceux dont ils croient que leur bien-être dépend.

Dans les deux cas, l'importante question est celle-ci : cet orgueil, cette vanité, ont-ils le caractère de vertu ou de vice ? Si, de vertu, de quelle vertu ? si, de vice, de quel vice ?

Dans l'homme orgueilleux le désir de l'estime est accompagné de mépris ou de mésestime pour ceux dont il cherche à obtenir l'estime. Il n'en est pas de mérite de l'homme vain.

La valeur de l'estime étant moindre aux yeux de l'homme orgueilleux qu'à ceux de l'homme vain, il faudra une plus grande portion d'estime pour procurer à l'homme orgueilleux une satisfaction égale à celle qu'une moindre portion procurera à l'homme vain. C'est pourquoi le mécontentement est la disposition d'esprit habituelle de l'orgueilleux, et ce mécontentement se manifeste extérieurement.

Il suit de là que la tristesse et la malveillance, l'une ou l'autre, ou toutes deux, sont les compagnes habituelles de l'orgueil, agissant quelquefois comme causes, quelquefois comme effets, quelquefois dans ces deux caractères. La gaieté, au contraire, est l'apanage accoutumé de la vanité ; la gaieté, et souvent la bienveillance. Une légère manifestation d'estime, cause à la vanité une grande satisfaction. Plus elle est légère, plus elle est de facile acquisition ; plus elle est fréquente, et plus fréquentes conséquemment les causes de satisfaction.

L'orgueil est naturellement taciturne ; la vanité est bavarde. L'orgueilleux attend immobile les démonstrations d'estime qu'il désire obtenir ; c'est leur spontanéité qui, à ses yeux, en fait tout le prix. Il ne les demandera pas, ou, du moins, ne paraîtra pas les demander. Il attendra qu'elles viennent ; et, pour être capable d'en agir ainsi, il faut qu'il possède la faculté de se commander. Il se nourrit d'estime, il lui en faut une pleine ration ; mais il sait jeûner.

Autre est l'homme vain : sou appétit est encore plus aiguisé que celui de l'orgueilleux. Il n'est pas d'abondance qui puisse le rassasier, mais peu de chose lui fera plaisir ; et pendant quelque temps, il s'en contentera. Il va donc de porte en porte, mendiant le pain nécessaire à sa faim insatiable.

Considéré en lui-même, l'orgueil est presque toujours pris en mauvaise part, et dans l'acception de vice ; avec un qualificatif, on peut l'employer dans un sens favorable, et il devient une vertu. C'est ainsi qu'on dit un honnête, un juste, un respectable orgueil ; mais quelque chose nous dit que cette phraséologie n'est pas strictement convenable, et il s'y rattache une idée de métaphore et de rhétorique.

Mais quant à l'épithète d'orgueilleux appliquée à un homme, elle entraîne toujours une idée défavorable. Lorsque, par ce mot, on désigne la nature de l'esprit d'un homme, on fait entendre par là que cette nature est vicieuse.

On dit un jour digne d'orgueil, une situation digne d'orgueil, pour exprimer un jour, une situation dont on peut s'enorgueillir ; dans ce cas, on rattache indirectement un homme à un événement, et on fait abstraction de tout orgueil vicieux.

La vanité est plus maltraitée encore : on ne peut l'attribuer à un homme sans en faire un juste objet de mépris et de dérision. Il serait difficile de parler, et impossible de parler avec convenance d'une honnête, d'une juste, d'une respectable vanité. Vous pouvez avoir eu un jour digne d'orgueil, et reporter vers lui un regard satisfait ; mais il n'en pourrait être ainsi d'un jour de vanité.

Mais, dans la pratique, ce qui importe avant tout, c'est de distinguer ce qu'il y a de vertu et de vice dans ces qualités d'orgueil et de vanité. S'il y a de la vertu, ce doit être de la prudence, de la bienveillance ou de la bienfaisance ; s'il y a du vice, ce doit être de l'imprudence ou de la malveillance. Et c'est ainsi que, pour la première fois peut-être, on aura attaché des idées claires à des appellations qui sont, chaque jour, dans la bouche de tout le monde.

Si les principes de la morale étaient pleinement compris et obéis ; en d'autres termes, si la sanction populaire était, sous tous les rapports, ce que, dans l'intérêt du genre humain, il est désirable qu'elle devienne, tout ce qui resterait d'orgueil, dans le cœur de l'homme, ne participerait pas de la nature du vice. Mais, en l'état actuel des choses, où l'opinion publique n'a pas l'utilité pour base, l'orgueil doit être fréquemment rangé parmi les vices.

La quantité de vertu ou de vice qui résulte de l'orgueil et de la vanité, semble dépendre, en grande partie, de la position qu'occupe dans l'échelle sociale l'homme orgueilleux ou vain. Dans la position du petit nombre de ceux qui gouvernent, l'orgueil est plus apte à disposer l'esprit au vice qu'à la vertu ; mais il en est autrement de la vanité.

L'orgueil, lorsqu'il dégénère en vice, est le vice caractéristique de la classe des gouvernants, parce que leur situation les rend moins dépendants que d'autres des services spontanés. Pour un homme placé si haut, les services spontanés des autres deviennent comparativement des objets d'indifférence ; et en conséquence, il n'éprouve aucune disposition à obtenir ces services au prix d'autres services rendus par lui, ne fût-ce même que les services gratuits de l'urbanité. L'orgueil, dans ces positions élevées, éloigne les hommes de la bienveillance et de la bienfaisance, et présente ces vertus comme des rivales de l'intérêt personnel.

La vanité suggère une autre marche ; son appétit inextinguible demande des services continuels, des services où se manifeste l'estime ; et en cela, sa tendance est vers la bienveillance. C'est ainsi que des actes bienveillants en apparence, des actes qui portent un caractère extérieur de sympathie sociale, soit réfléchie, soit sentimentale, peuvent avoir leur source dans l'affection personnelle de la vanité. Les actes étant produits, c'est autant de gagné pour le bonheur général. Alors la vanité ne remplira-t-elle pas le but de l'utilité, en produisant le bien que l'utilité se propose ? Non, tant que l'opinion, tant que la sanction populaire ne sera pas d'accord, sur tous les points, avec les enseignements de l'utilité.

Mais l'exercice de la vanité, sur quelques titres d'estime qu'elle se fonde, produit la concurrence, qui augmente avec l'accroissement de l'estime dont on fait parade, et cette concurrence produit le mécontentement. La vanité d'un homme suscite et met en action les émotions, les affections, les passions de beaucoup d'autres.

Dans une haute sphère, plus la position d'un homme est élevée, moins il y a de chances qu'elle éveille l'envie ou la jalousie des classes inférieures, car l'envie et la jalousie ne peuvent exister que là où il y a concurrence ; et plus il y a de distance d'un rang à un autre, moins il y a lieu à concurrence.

En même temps, plus un homme est dans une position élevée, plus vaste est la carrière où peut s'exercer sa bienfaisance ; et pour autant que sa vanité cherche à se satisfaire par des actes de bienfaisance, l'estime qu'il obtient sert à contre-balancer, sinon à dominer les peines et le danger produit par l'envie et la jalousie d'autrui, agissant sur lui ou sur ceux dans l'âme desquels l'envie et la jalousie ont lieu.

L'effet sera différent pour le reste des hommes ; car le pouvoir de bienfaisance étant moindre, l'envie et la jalousie seront plus grandes. Ici l'affectation de la supériorité, sous l'influence de la vanité, sera plus odieuse ; dans la lice sociale, le meilleur lutteur peut exciter des sentiments d'envie et de jalousie dans l'âme de tous les autres lutteurs, et il ne peut produire aucun plaisir équivalent. Il peut faire naître la peine, cela est évident ; mais quelle somme sensible de bonheur lui est-il possible d'ajouter au bonheur des individus qui ne sont pas compris dans le cercle de ses affections domestiques ? [1]

L'orgueil est accompagné d'un sentiment d'indépendance, non la vanité. L'orgueilleux est convaincu qu'il recevra des autres autant de respects qu'il lui en faut ; il ne prendra donc pas la peine de les rechercher, c'est-à-dire qu'il ne se donnera pas la peine de se rendre

---

1   L'homme vain s'exagère la valeur des services des autres, et se donne plus de peine qu'il ne faut pour se les procurer. L'orgueilleux rabaisse, à ses propres yeux, la valeur des services d'autrui, et mesure son droit à les exiger en raison inverse du besoin qu'il en a, ou du cas qu'il en fait. L'activité est la compagne de la vanité ; l'immobilité, de l'orgueil. Toute addition à l'affection de la vanité ajoute quelque chose au pouvoir de la sympathie envers autrui. Toute addition à l'affection de l'orgueil enlève quelque chose à la sympathie envers autrui.
Cependant, le refus des services demandés éveillera l'hostilité, et de l'orgueilleux et de l'homme vain. L'hostilité de l'homme orgueilleux sera ouverte, franche et visible. Il vous donne à entendre qu'il se soucie peu que vos dispositions lui soient amicales ou hostiles. Il s'attribue une telle importance que, par respect ou par crainte, les autres s'occupent à lui rendre des services en plus grand nombre que vous ne pouvez lui en offrir. Quant à l'homme vain, il ne parait exercer sur vous aucun despotisme pour obtenir votre bon vouloir. Plus grande est sa vanité, plus grand sera son désir, plus vifs les saisis qu'il fera pour se le concilier.

agréable à autrui. Il ne produira pas les titres qu'il croit avoir à leur estime; il se dit qu'ils sont évidents, et ne peuvent être méconnus par personne. En proportion des succès qu'il obtient, il donne aux autres une haute idée de son importance ; il veut qu'ils croient que, de manière ou d'autre, leur bien-être dépend de sa faveur, et que cette faveur est difficile à obtenir. Il existe donc de leur part une sorte de crainte à son égard, la crainte de ne pouvoir conquérir sa faveur. Or, cette crainte est nécessairement accompagnée de souffrance. Lui-même, il a la perception de cette souffrance ; cependant, il ne veut pas faire ce qui dépend de lui pour l'écarter ou la diminuer. Il pourrait la diminuer, en tempérant son orgueil de quelque condescendance. Il pourrait la faire entièrement disparaître, en déposant son orgueil, et en traitant avec les autres hommes sur le pied d'égalité.

Somme toute, la vanité tient de plus près à la bienveillance ; l'orgueil, au sentiment personnel et à la malveillance.

L'homme vain, se sentant comparativement peu assuré de l'estime qu'il ambitionne, est proportionnellement désireux de faire de son mieux pour l'obtenir ; il s'efforce de déployer les qualités qui peuvent la lui acquérir ; et, comme il veut recueillir le bon vouloir des autres, il faut qu'il sème ce qui peut le produire. Et d'ordinaire, l'objet de ses efforts, sera, jusqu'à un certain point, réalisé. Il excitera quelque admiration ; l'admiration amène la surprise ; la surprise éveille la curiosité dont la satisfaction est un plaisir.

Cependant, il est deux causes par lesquelles cet effet peut être non seulement neutralisé et diminué, mais encore détruit ; d'abord, quand la supériorité déployée est telle qu'elle produise l'humiliation, ou un sentiment pénible d'infériorité dans l'esprit de ceux qui en sont témoins ; en second lieu, si le genre de mérite déployé est celui-là même dans lequel il y a concurrence entre la personne qui le déploie, et celle devant qui il est déployé.

Lorsqu'il en est ainsi, la prudence et la bienveillance s'accordent à nous recommander de nous abstenir de cette manifestation ; la prudence, parce que les passions de l'envie et de la jalousie éveilleront contre nous un mauvais vouloir, tendant à nous faire du mal, ou à s'abstenir de nous faire du bien ; et la bienveillance, parce que cette manifestation sera pénible à autrui.

Il est plusieurs termes associés à l'idée d'orgueil, dont on ne peut déterminer la valeur et le sens que par l'application des grands principes auxquels nous nous sommes si constamment référés dans cet ouvrage. La bassesse a pour contraire, non tant l'orgueil que l'appellation complexe d'élévation d'esprit, de grandeur d'âme ; mais il y a, et il doit y avoir, beaucoup de vague dans ces qualités. Orgueil, pris séparément, est une appellation critique ; grandeur d'âme est un éloge. De même, l'humilité est un titre à l'estime ; la bassesse, au mépris. Cette obscurité est encore accrue par le sens que les écrivains religieux ont attaché à ces termes. Indépendance d'esprit est une expression susceptible de recevoir bien des interprétations diverses. Le critérion à adopter consiste dans la tendance de ces qualités à produire, dans tous les cas particuliers, le bonheur de l'individu et celui de la société générale. Tout le reste n'est qu'une vaine querelle de mots, sans importance pratique ni réelle ; une question de phraséologie, dont le sens est soumis à des modifications perpétuelles, et dont la discussion, à moins qu'elle ne se réfère à quelque règle de moralité, n'est qu'une inutile perte de temps et de peine.

Soit qu'on ait en vue d'*exposer* ou d'instruire, le seul mode efficace est de s'assurer de l'association des expressions morales avec les termes de peine et de plaisir. Appliquez à la vanité et à l'orgueil, toute autre pierre de touche, et vous vous convaincrez que c'est bien là la clef de leur signification et de leur valeur. Et ce qui est vrai ici, est vrai dans toutes les autres parties de la morale.

L'envie et la jalousie ne sont ni des vertus, ni des vices.

Ce sont des peines.

L'envie est une peine qui naît de la contemplation du plaisir possédé par un autre, surtout lorsque ce plaisir provient d'une source d'où l'envieux désirait l'obtenir pour lui-même ; si ce *désir* a été accompagné de l'*attente* que ce plaisir serait obtenu, la peine devient encore plus forte ; elle est portée à son plus haut degré quand l'individu attribue son exclusion de ce plaisir à sa possession par un autre.

La jalousie est une peine, celle de l'appréhension provenant de la même cause, ou d'une cause semblable.

La prudence et la bienveillance concourent également à détruire et l'envie et la jalousie ; la prudence, afin de nous délivrer des peines qu'elles nous causent ; la bienveillance, parce que l'envie et la jalousie se lient au désir de nous affranchir des peines qu'elles créent, en faisant du mal à autrui, L'envie et la jalousie s'associent de très près aux dispositions malfaisantes, et par suite aux actions malfaisantes qu'elles contribuent beaucoup à créer. La disposition, sans l'action, n'est pas un vice, il est vrai, mais une infirmité ; mais l'infirmité est un sol où le vice prend facilement racine, et où il ne tarde pas d'acquérir une formidable croissance.

Chapitre XVI
Des vertus selon Hume

Mais pour découvrir combien sont vagues les idées de vertu, combien peu satisfaisantes en sont les définitions, même lorsqu'elles émanent des plus hautes capacités intellectuelles, quand le critérion de la vertu a été ou méconnu ou négligé, il ne sera pas hors de propos, même au prix de quelques redites, de revenir sur nos pas, la liste des vertus de Hume à la main. Un examen attentif nous convaincra alors combien facilement d'une scène de confusion, de complications et d'embarras, on peut faire sortir l'ordre, l'harmonie, la beauté, lorsqu'on est muni des instruments que, sous le nom de prudence et de bienveillance, l'utilité a mis entre nos mains. Ceci est d'autant plus désirable qu'il n'y a pas longtemps que la *Revue d'Edinbourg*, en appelant l'attention de ses lecteurs sur la classification que Hume a donnée des vertus, a semblé conclure qu'il avait fait tout ce qu'il était nécessaire de faire pour introduire un système parfait de morale.

Une objection fondamentale s'attache à sa classification des vertus, en qualités utiles et agréables. Le mot utile a plus d'un sens, il peut signifier ce qui a pour but le plaisir, ou ce qui a pour but toute autre chose. L'utilité n'a de valeur qu'en tant qu'elle produit le plaisir, ou écarte la peine, laissant en définitive un surplus de plaisir, calculé sur le plaisir non seulement immédiat, mais éloigné, non seulement dans le présent, mais aussi dans l'avenir. C'est, en effet, une chose étrange, que ce *mot* de plaisir effarouche à un tel point les moralistes ; quant à la chose elle-même, la jouissance, le bonheur, ils déclarent que c'est le but de leurs recherches ; mais qu'on vienne à prononcer son nom, son véritable nom, les voilà tous en fuite ; ils n'en veulent plus. Point de confusion et de non-sens qu'ils ne préfèrent plutôt que d'appeler le plaisir par son nom.

On dira peut-être que Hume ne donne pas au mot vertu une acception générale, et que ce n'est pas son discernement qu'il faut accuser, si, parmi les vertus qu'il énumère, il en est qui n'ont rien de commun avec la vertu.

Mais si par la vertu on n'entend pas ce qui est utile, ou productif de ce qui est utile à l'augmentation du bien-être, qu'entend-on ? quelle est la valeur de ce mot ?

On doit reconnaître qu'il entre, dans la nature même de la vertu, quelque portion de mal, quelque souffrance, quelque abnégation, quelque sacrifice de bien, et conséquemment quelque peine ; mais, à mesure que l'exercice de la vertu passe en habitude, la peine diminue graduellement, et finit par disparaître entièrement.

La vertu est une qualité morale, par opposition à une qualité intellectuelle ; elle appartient à la volonté, aux affections, non à l'intelligence, excepté les cas où l'intelligence agit sur la volonté.

Ceci une fois entendu, on peut se former une idée exacte des qualités désirables dont parle Hume, en les répartissant et en les groupant sous les divisions suivantes :

1. Qualités appartenant non à la volonté, mais à l'intelligence, comme le discernement, l'ordre, la rapidité de conception.

2. Les qualités de la volonté qui n'appartiennent exclusivement ni au vice ni à la vertu, mais qui sont quelquefois un vice, quelquefois une vertu, et d'autres fois ni l'un ni l'autre, selon l'objet vers lequel elles sont dirigées ; telles sont la sociabilité, la discrétion, la constance, la clémence, la générosité.

3. Les qualités qui sont toujours des vertus, et qui, conséquemment, appartiennent à l'une des deux grandes divisions de la prudence ou de la bienveillance.

4. Les qualités qui, étant toujours des vertus, sont des modifications des deux classes de vertus premières auxquelles elles sont subordonnées ; telles la probité, la justice.

Jeremy Bentham

Or, ce n'est que dans la troisième et la quatrième division que se trouvent les vertus non douteuses ; les première et deuxième divisions ne comprennent que des qualités qui, associées à le prudence et à la bienveillance, peuvent être de très importants auxiliaires. Par exemple, le tact habile à saisir les rapports qui unissent les actes à leurs conséquences, et qu'on appelle discernement, combien sa coopération n'est elle pas précieuse dans le domaine de la morale ! De même, l'esprit de sociabilité, uni à la prudence et à la bienveillance, donne naturellement à chacune d'elles un attrait qui doit ajouter à leur influence bienfaisante ; mais, en même temps, qui ne voit que la qualité appelée discernement dépend beaucoup de l'organisation intellectuelle, qu'aucun effort ne réussira à en introduire dans un esprit inférieur une quantité égale à celle qui dirige un esprit supérieur [1] ? D'autre part, la qualité qu'on nomme sociabilité, loin de servir la vertu, peut être, et n'est que trop souvent, la compagne du vice, et quelquefois même l'instrument au moyen duquel le vice accomplit ses triomphes les plus funestes.

Quoique Hume ait classé ses vertus d'une manière étrangement confuse et disparate, il est à propos de les prendre dans le désordre où il les a laissées ; aucune classification ne pourra faire une vertu de ce qui, parmi elles, n'en est pas une, et les vertus qu'elles contiennent se trouveront rangées dans la division à laquelle chacune d'elles appartient.

La *sociabilité*. C'est une disposition à rechercher la société des autres ; elle est bonne ou mauvaise, vertueuse ou vicieuse, selon le but et la conduite de l'homme sociable. Elle contient tout juste autant de vertu qu'elle contient de bienveillance ; combinée avec la bienveillance, elle constitue l'obligeance, qui, dans la liste de Hume, est comptée comme vertu distincte. Une disposition à éviter la malfaisance fait, en général, partie du caractère sociable, et en cela il est d'accord avec la bienveillance effective-négative. Mais la sociabilité peut être accompagnée de tyrannie et de malfaisance ; et c'est ce qui arrive fréquemment, surtout lorsqu'elle s'exerce à l'égard de personnes d'une condition différente. L'un de ses instruments est l'esprit, l'esprit productif de peines et destructif du

---

1 M. Owen a professé cette opinion, que l'éducation également répartie à tous, donnerait ce résultat. M. Jacotot est arrivé à la même conclusion. (*Note du tmducteur.*)

plaisir. La sociabilité peut être employée dans un but d'insolence ; nous en voyons plus d'un exemple dans les écrits de Cicéron [1]. Elle peut s'allier au mépris, comme dans Burke ; en sorte qu'il est très possible qu'en cherchant la morale et le bonheur dans la sociabilité, on n'y trouve ni l'un ni l'autre. Ainsi, la sociabilité seule n'est ni un bien ni un mal ; elle n'est rien. Elle peut n'être que de l'égoïsme sous une forme nuisible, et servir à couvrir d'un voile favorable des qualités malfaisantes ; elle peut s'associer à la fraude et à la rapine, et prêter les fascinations de sa présence à des projets insensés, vicieux ou pervers.

Le bon naturel. Il se lie étroitement à la sociabilité ; mais dans ses rapports avec le vice et la vertu, il présente un sens ambigu. Ce qui dans lui est naturel et fait partie du caractère distinctif de l'individu, ne peut être considéré comme vertu. La portion acquise, résultat de la réflexion, en supposant qu'on puisse la distinguer du reste, peut être vertueuse. Associé à la bienveillance, il est, comme la sociabilité, presque synonyme d'obligeance ; il joint, plus que la sociabilité, la caractère naturel au caractère moral. S'il fait entièrement partie de la constitution individuelle, il n'est pas plus une vertu que la force et la beauté ne sont des vertus ; il ajoute de l'agrément aux communications sociales, que la conduite soit ou ne soit pas vertueuse. Cette partie du bon naturel, qui, indépendante des propensions physiques, est devenue de la bienveillance effective, cela, et cela seul, est vertu ; mais ce n'est pas le bon naturel qui est vertu, c'est la bienveillance effective. De même, le bon naturel peut se prêter à servir l'imprudence ou l'improbité. La disposition à plaire à quelqu'un a été fréquemment une cause de mauvaise conduite. Dans le langage ordinaire, on dit que quelqu'un a été égaré par son bon naturel. Ce peut n'être que de la faiblesse sur laquelle agit la tentation ; et le plaisir de satisfaire la personne qui s'adresse à nous peut fermer nos yeux aux conséquences des maux qui vont suivre.

L'humanité. C'est de la bienveillance effective, ou une disposition à la bienveillance effective spécialement dirigée vers une espèce particulière de souffrance. Son objet est d'éloigner quelque mal positif et grave. Elle ressemble beaucoup au bon naturel lorsqu'il

---

1 « Je n'avais pas treize ans, » disait un jour Bentham à celui qui écrit ces lignes, « que déjà les abominations de Cicéron me révoltaient. »

est placé sous l'empire de quelque motif excitant. Elle implique dans l'homme humain l'exercice d'une assez grande puissance de secours, et suppose généralement que, sans cet exercice d'humanité, la personne secourue serait exposée à des maux plus grands que ceux auxquels il s'agit de mettre un terme ; mais il est à cela quelques exceptions. L'humanité d'un roi pourrait le porter à pardonner aux dépens de la justice pénale, ce qui aurait pour conséquence un petit bien et un grand mal ; il y aurait, en définitive, une perte publique considérable pour la société ; dès lors cet exercice de l'humanité serait non une vertu, mais un vice. L'humanité peut donc être ou n'être pas digne d'éloges. Ses droits au nom de vertu ne peuvent être appréciés qu'après avoir pesé les peines qu'elle écarte contre les peines qu'elle crée. Sous l'influence des impulsions du moment, elle est apte à commettre des erreurs. Par exemple, lorsque la discipline ou la punition attachée à l'imprudence doit avoir pour résultat probable de corriger cette imprudence, et que l'humanité intervient pour lui épargner cette punition, en sorte que l'imprudence sera répétée en conséquence de l'impunité, alors l'humanité, loin d'être une vertu, est réellement un vice ; et ces cas arrivent fréquemment. Plusieurs de nos établissements d'humanité et de charité, qui ont pour objet de protéger l'inconduite contre les conséquences qu'elle entraîne, contribuent par le fait au malheur de l'humanité. Des aumônes répandues sans discernement peuvent servir de prime à la paresse et au désordre. L'humanité est pernicieuse lorsqu'elle affaiblit la sanction morale au point de produire, par la détérioration de la moralité, une quantité de peine future plus grande que celle dont elle effectue la cessation immédiate.

L'humanité, pour être vertueuse, doit apprendre à calculer. Elle est toujours disposée à éloigner une peine et à oublier l'influence salutaire de cette peine dans l'avenir. Ce n'est donc qu'autant qu'elle s'allie à la prudence et à la bienveillance que l'humanité mérite notre approbation.

La *clémence*. C'est encore de l'humanité, mais qui suppose dans celui qui en est l'objet une dépendance plus directe de celui qui l'exerce. Ici la personne qui reçoit est au pouvoir de celle qui accorde ; la faiblesse de l'une contraste avec la puissance de l'autre. L'exacte appréciation des cas où la clémence peut s'exercer dans les limites du principe de la maximisation du bonheur, dépend des facultés intellectuelles de l'individu ; la disposition à l'exercer, de ses facultés morales. Il s'y rattache une idée de puissance, liée à une idée vague de tyrannie, en raison de la distance qui sépare le dispensateur de la clémence de celui qui en est l'objet. Ici s'applique, dans le domaine politique, la règle que nous avons posée au sujet de l'humanité. La clémence, c'est-à-dire, le bien fait à un individu doit être pesé contre le mal fait à la société. L'appel à la clémence est généralement plus fréquent que l'appel à l'humanité. Aux yeux de la vertu, sa valeur doit être estimée par ses effets. Cette portion de la clémence qui contient de la vertu, se rattache à la bienveillance effective.

La *reconnaissance* est de la bienveillance effective, soit en action, soit en disposition, en considération de services reçus par la personne reconnaissante ou quelque personne attachée à cette dernière par des liens de sympathie. Son efficacité n'est pas une conséquence nécessaire de son existence ; ce peut être un état de l'âme, demeurant inactive faute d'occasion. Elle est, dans l'âme de la personne reconnaissante, le résultat des bienfaits qui lui ont été conférés. Mais elle n'est pas nécessairement vertueuse ; car une vertu faisant peu de bien, peut-être accompagnée d'un vice faisant beaucoup de mal. Un homme m'a rendu service : il est en prison pour un crime horrible. Le délivrer, ce serait de la reconnaissance ; ce ne serait pas de la vertu.

La reconnaissance est le sujet de grands éloges. Chacun aime la reconnaissance, parce que quiconque accorde une faveur, aime à en recevoir une autre en retour. Cependant la bienveillance effective peut être plus efficace là où il n'y a pas lieu à reconnaissance.

La reconnaissance est une vertu on ne peut plus populaire ; elle a pour base l'amour de nous-mêmes, et l'ingratitude est représentée comme un vice hideux. Tous les hommes sont intéressés à obtenir le remboursement des bienfaits avancés ; et le tribunal de l'opinion publique a attaché une infamie spéciale à celui qui, dans l'occasion, ne rend pas les services qu'il a reçus. Celui qui confère un bienfait est autorisé, par la société, à attendre un résultat de reconnaissance, ou un retour de bienfaits. On attend plus de bienfaits de l'individu qu'on connaît ou avec qui on est lié, que d'un étranger. Un refus de services venant d'une personne qu'on connaît, surtout si on l'a obligée, produit plus de peine que le refus d'une personne qui nous est inconnue.

Enfin, la reconnaissance, en tant qu'elle prend l'utilité pour guide, peut être rangée parmi les vertus ; mais elle peut être tellement contre-balancée de mal, qu'elle appartienne à la région du vice.

L'opposé de la reconnaissance est l'ingratitude, qui prend quelquefois les formes du ressentiment. La reconnaissance a en vue le bien ; le ressentiment, le mal. Le mot ressentiment pourrait s'employer dans un double sens ; on peut ressentir un bienfait aussi bien qu'une injure. Le ressentiment en action constitue la malveillance.

C'était le signe d'un certain progrès en morale, que de *penser* à faire de l'ingratitude un crime ; mais c'était l'indication d'une sagesse bien arriérée, que de ne pas voir que c'était chose impraticable.

Comme elle doit être longue et compliquée l'appuration des comptes entre deux individus qui ont beaucoup vécu ensemble, avant de pouvoir constater, en fait de bons offices, lequel est débiteur de l'autre !

Il faut connaître la fortune et les besoins de chacun. Le plus rusé, le moins sincère est sûr de gagner sa cause. Le plus généreux, le plus estimable, aurait toujours la plus mauvaise chance. Tout ce que chacun d'eux donnerait, serait toujours donné devant témoins. Ce qu'il recevrait, serait reçu en secret. Bientôt, il n'y aurait plus, ni générosité d'une part, ni gratitude de l'autre.

L'*obligeance* est la bienveillance effective sur une échelle restreinte. Comme bon naturel, c'est une disposition à rendre service ; mais cette disposition se porte principalement sur ceux avec qui la personne obligeante a eu des rapports. Elle est prête à agir toutes les fois que l'occasion s'en présente. Elle comporte quelque chose de plus qu'une disposition à des actes de bonté, et est accompagnée de la sympathie à un état d'activité considérable. L'idée d'obligeance comprend celle de sympathie, au moins dans les relations ordinaires de la vie. Dans la société, spécialement dans la sphère politique, bien que l'obligeance se trouve dans le langage, il ne faut pas toujours la supposer dans la conduite. Elle a, comme nous l'avons dit, une connexion intime avec la bienveillance effective ; elle est aussi quelquefois le produit des affections personnelles. Tout ce qu'il y a en elle de vertu, doit être rapporté aux deux branches constitutives de la vertu. Ce qu'elle a de bon et de mauvais, peut être considérablement modifié en appliquant à ses opérations les véritables principes ; et c'est à cette condition seule qu'elle est admise dans le domaine des investigations morales. La morale n'est pas faite pour être appliquée à ce qui est immuable, mais à ce qu'un examen plus attentif peut modifier ou changer.

Aristote a établi une sorte de parenté entre l'amitié et les vertus. C'est un état ou une condition de la vie constituée par une sorte de relation analogue à la condition de mari, d'épouse, de père, de mère, de fils, de fille. C'est une sorte de mariage, sans avoir la communion des sexes pour lien, ou la propagation de l'espèce pour conséquence ; ce qui fait que sa durée n'est pas pour la vie, ou pour un terme spécifié.

La *générosité*, quand elle est une vertu, est de la bienveillance effective. C'est l'obligeance sur une plus grande échelle. C'est l'obligeance non limitée dans le cercle des relations privées, mais s'étendant aux hommes en général. L'obligeance implique préférence. La générosité a un caractère plus universel.

La générosité que ne guident point la prudence ou la bienveillance, est vice et folie. Celui qui donne tout ce qu'il a à un autre qui en a moins besoin que lui, et qui confère ainsi moins de plaisir qu'il n'en sacrifie, fait un acte fort généreux, mais fort insensé. De même celui qui prodigue l'argent, ou son équivalent, dans un but pernicieux, quelque généreuse que soit la dépense, n'en commet pas moins une action vicieuse.

La bienveillance doit se juger en raison du sacrifice fait. Une petite somme d'argent, donnée par un homme pauvre, sera une plus grande preuve de générosité que ne le sera une somme considérable donnée par un homme très opulent. La générosité du pauvre se manifeste généralement par des services personnels, par le sacrifice de son temps ; il s'expose au péril, il paye de sa personne. La générosité des classes privilégiées est un mélange de services personnels et pécuniaires. Plus diminue la valeur attachée à l'argent, plus s'élève la position de l'homme généreux, plus l'argent devient instrument habituel de générosité. A tous les degrés de l'échelle, la même règle s'applique.

Jeremy Bentham

La *bienfaisance*, comme nous l'avons déjà observé, n'est pas nécessairement une vertu. Rendre service, faire du bien à autrui, n'est pas toujours un acte vertueux. Tout homme qui dépense de l'argent, est bienfaisant en ce sens qu'il fait du bien ; mais il n'y a là aucune vertu. C'est chose bienfaisante que l'accomplissement des fonctions naturelles, telles que boire, manger, dormir, se vêtir, en un mot, de tous les actes desquels il résulte du bien. Là où la bienfaisance diffère de la bienveillance effective, bien qu'elle soit un bien, elle n'est pas une vertu. Nous avons si souvent établi cette distinction dans cet ouvrage, qu'il est inutile d'y revenir.

La *justice* est de la bienveillance effective. Nous avons déjà eu l'occasion d'en parler plus haut. C'est l'action de rendre des services là où on a droit d'en attendre. C'est faire le bien lorsque son non-accomplissement créerait le désappointement, et que l'opinion publique autorise à attendre que ce bien sera fait.

En matière civile et pénale, la justice est chose bien différente. Dans le domaine social, la justice est ce qui assure un homme contre le désappointement qui le priverait d'objets auxquels il a un droit reconnu par la société. C'est l'application du principe de non-désappointement. Si ce n'est pas cela, c'est ce qu'il plaira à chacun d'appeler justice. La maxime : « Faites à autrui ce que vous voudriez qui vous fût fait, » n'est pas de mise ici, et ne peut servir de définition ; car personne ne s'infligerait volontairement à lui-même un châtiment.

La justice, en matière pénale, est l'application des remèdes que fournit la pénalité légale ; la meilleure justice consiste dans la meilleure application des remèdes contre les maux produits par la malfaisance. Elle a affaire aux actes, non aux dispositions. Les dispositions sont du domaine moral ; les actes, du domaine politique.

Dans la classe des onze qualités utiles à nous-mêmes, il y a une confusion de qualités presque identiques, bien que désignées par des noms différents. Il serait difficile de distinguer en quoi, comme vertus, le *discernement* et la *circonspection* diffèrent de la prudence ; la *probité* et la *fidélité*, de la justice ; comment l'*économie* et la *frugalité* peuvent être séparées de la prudence ; pourquoi on sépare l'industrie de l'assiduité : mais quelques mots sur chacune de ces qualités, pourront servir à écarter les nuages dont on a entouré le temple de la morale.

Le *discernement* est un jugement sain, formé en vue d'une action, dans des circonstances plus ou moins difficiles. C'est cette qualité de l'esprit qui se fait à elle-même une évaluation exacte des résultats probables. C'est la prévision qui trace la ligne de conduite la plus convenable dans une occasion donnée. C'est l'aptitude intellectuelle appliquée à la conduite. Mais ce n'est pas plus une vertu, que la puissance de résoudre un problème mathématique n'est une vertu, ou que la possession de la force n'est une vertu ; c'est l'habileté, fruit de la naissance ou de l'éducation.

L'*industrie* est un mot à double entente. Si elle suppose le travail appliqué à un but qui n'a rien d'illégitime, elle comprend l'activité en vue d'un profit. Ce peut être un instrument aux mains des autres vertus ; elle n'est pas une vertu elle-même. En français, ce mot s'emploie quelquefois dans un sens défavorable. On entend par *chevalier d'industrie* un fripon ou un fourbe ; cette expression suppose l'activité employée à réaliser l'objet que la fraude se propose.

La *frugalité* comporte l'action positive ou négative. En matières pécuniaires, c'est de la prudence ; et dans la plupart des cas, de la prudence personnelle. C'est le contrôle qui empêche que les plaisirs que la richesse peut procurer, ne soient gaspillés en pure perte ou inutilement diminués. La frugalité, comme l'observe Hume, touche à deux vices : à la prodigalité, qui est de l'imprudence ; à l'avarice, qui est l'opposé de la bienveillance effective.

La *probité* est subordonnée à la justice ; ce mot a quelquefois un double sens. Montaigne dit quelque part que chacun doit mettre de la *probité* en parlant de ses vertus. Il oublie qu'il est probable que ce sujet de conversation blessera l'amour-propre d'autrui. Un homme peut se préférer à un autre, mais il n'est pas présumable que tout le monde consente à reconnaître cette préférence personnelle.

La *fidélité* est aussi subordonnée à la justice. Elle est la manifestation d'une faculté active, et implique l'observance d'un contrat spécifique ou tacite.

La *vérité* n'est pas une qualité humaine, n'est pas une vertu. Véracité est un mot beaucoup plus convenable. La véracité est une vertu qui occupe dans l'esprit public une place peu appropriée à son importance, et dont les branches sont en conséquence protégées, en grande partie, par la sanction populaire. Nous lisons dans Thucydide que, de son temps, un héros disait h l'autre : « Etes-vous un voleur ? » Aujourd'hui on se demande : « Etes-vous avocat ? » Un avocat est un homme dont la puissance est dans sa parole, et qui vend cette puissance au plus haut enchérisseur ; parlant pour ou coutre, selon l'occurrence, tantôt pour défendre la justice, tantôt pour triompher d'elle. C'était autrefois la force qui régnait, aujourd'hui c'est la fraude ; autrefois la palme était au plus fort, aujourd'hui elle est au plus habile. La force physique commandait alors, aujourd'hui c'est la fraude intellectuelle.

Le mensonge s'est introduit à un haut degré dans les formes journalières de la société ; toujours inutile, il est fréquemment pernicieux. Il ne fait pas toujours du mal aux autres ; il fait toujours du mal au menteur lui-même. Son inévitable résultat pour l'individu sera de l'abaisser aux yeux d'autrui, à moins qu'à l'exemple de quelques uns de ses confrères, il n'ait le privilège de mentir impunément.

L'Espagnol qui vous dit, lorsque vous prenez congé de lui après une visite : « Esta casa es de Ud. Cette maison est à vous, » fait un mensonge sans but. Le Français qui vous dit de l'air le plus calme : « Je suis enchanté, je suis désolé, » ment aussi gratuitement. L'Anglais qui répond : « il n'y a personne, » bien qu'il soit chez lui, fait également un mensonge gratuit. Dans ce qu'on nomme la politesse, le mensonge occupe une place importante.

La confusion d'idées entre la vérité et la véracité, a fait naître dans l'expression beaucoup d'ambiguïtés ; c'est là ce qui a égaré Brissot. Il a écrit un livre sur la *vérité*, laquelle vérité lui a fait faire autant de chemin que s'il se fût mis à la poursuite d'un feu follet. Le vérité, sous sa plume, c'est quelquefois la connaissance des choses ; d'autres fois la véracité, l'exactitude du récit, la vérité ; d'autres fois encore, c'est l'amour de la vérité par opposition à la tyrannie religieuse, par quoi il entendait cette connaissance qui est le résultat de l'évidence, en opposition avec ces déclarations de foi qui sont appuyées non sur l'évidence, mais sur l'autorité. Quelquefois ce mot lui sert à désigner le fait substantiel de l'existence réelle de certains objets. Aussi il faut avouer que la vérité, prise dans son sens abstrait et avec les associations vagues qui s'y rattachent, est une entité étrange, fugitive, et qu'il est bien difficile de saisir.

La véracité est la disposition d'un homme à transmettre aux autres l'impression exacte de ce qu'il éprouve, c'est l'action d'éviter de dire ce qui n'est pas ; elle est le produit de l'attention dont l'intensité se proportionne à l'importance du récit lui-même.

La véracité étant entièrement subordonnée à la prudence et à la bienveillance, son exercice est-il une vertu, lorsque ni l'une ni l'autre ne serait violée par son infraction ? Et cette infraction serait-elle un vice ? Non, sans doute. Mais un cas semblable ne serait pas facile à découvrir. En effet, la véracité n'a de valeur que relativement aux circonstances qui l'accompagnent. En fait, le mensonge nous fournit une preuve de l'impuissance de la sanction religieuse à corriger l'enfance. On dit à un enfant : « Si tu mens, tu iras en enfer. » Il ment ; le châtiment dont on l'a menacé ne l'atteint pas, et la menace perd bientôt son effet. Si l'enfant est croyant, il est naturel qu'il se dise : « Je puis tout aussi bien faire une centaine de mensonges, il n'en sera ni plus ni moins. »

La sincérité a un sens plus étendu que la véracité. Ne pas mentionner un fait est un manque de sincérité, ce n'est pas un manque de véracité. On met bien moins de scrupule à ne pas dire les choses qu'à les dire faussement ; c'est le contraste entre ce qui est négatif et ce qui est positif. Dire ce qui déplaît à un autre, lorsqu'il n'en peut résulter aucun plaisir ni aucune chance de plaisir équivalent, non plus qu'aucune exemption de peine, c'est tout le contraire d'un acte vertueux. Quand un appel solennel est fait à la vérité, il est peu de cas où il ne soit du devoir de la dire.

L'importance de la véracité peut aussi être considérée sous le rapport du nombre des personnes qu'elle intéresse. Celui qui trompe deux personnes commet un crime plus grand que celui qui n'en trompe qu'une. Les mensonges sont susceptibles d'une classification qui servira à montrer l'étendue du mal qu'ils produisent, et par conséquent de leur immoralité. Les mensonges de méchanceté sont horribles ; il faut les éviter dans l'intérêt d'autrui. Les mensonges intéressés sont vils ; nous devons les éviter dans notre propre intérêt. Il en est de même des mensonges qui ont pour objet d'exciter l'étonnement ; ce sont, jusqu'à un certain point, des mensonges intéressés, et qu'un homme doit éviter dans son propre intérêt.

Il est des mensonges d'humanité, qui ont pour but d'éviter de blesser l'amour-propre de quelqu'un, ou d'exposer la personne ou la propriété d'autrui. Ainsi, par exemple, un assassin poursuit sa victime ; un mensonge le trompe sur la direction qu'a prise la personne qu'il poursuit. Ces mensonges peuvent être innocents et bienfaisants, en tant qu'ils ne laissent pas suspecter une indifférence générale pour la véracité. Si on les emploie sans discernement, c'est ce qui arrivera infailliblement ; la prudence exige donc qu'on en fasse un usage rare et modéré.

Les mensonges nécessaires ; tels sont et doivent être ceux qu'on emploie à l'égard des personnes atteintes de folie.

Les mensonges employés comme défense personnelle contre la violence illégitime.

L'équivoque diffère du mensonge et lui est préférable en ce sens, qu'il y a chance que l'auteur de l'équivoque ne trouvera pas des termes suffisamment ambigus, et dira la vérité.

Une équivoque est un mensonge de pensée, non de paroles.

Un mensonge est une imposture en pensée et en paroles.

Employer une équivoque plutôt qu'un mensonge direct, c'est montrer un certain respect pour la vérité. Car, bien qu'on préfère l'équivoque à la vérité, il est possible qu'on préfère la vérité au mensonge.

On peut tirer la vérité d'une personne habituée à faire des équivoques ; car on peut la surprendre quand elle n'est point sur ses gardes, avant qu'elle ait le temps de combiner son équivoque.

Lorsqu'un homme est connu pour un faiseur d'équivoques, il y a un moyen connu d'agir avec lui, c'est de le presser de distinctions sur les termes qu'il emploie dans ses réponses, jusqu'à ce que vous en obteniez des termes qui ne soient pas susceptibles d'ambiguïté. Vous l'obligez alors à se décider entre la vérité simple et le mensonge complet.

Un faiseur d'équivoques prouve dans l'individu une certaine disposition à ne pas rompre avec la vérité.

Le parjure consiste à mentir dans les cas où la sanction religieuse est présentée d'une manière formelle comme garantie de la vérité et comme répression du mensonge. La force de la sanction religieuse dépend entièrement de l'état de l'esprit de l'individu auquel elle s'applique. Elle n'ajoutera rien aux moyens d'obtenir la vérité dans les cas où la sanction populaire est en pleine activité. Dans les sermons et les vœux la sanction est la même. La profanation d'un vœu diminue la force de la sanction appliquée aux promesses de la conduite à venir ; elle diminue aussi la force de la même sanction appliquée aux relations de la conduite passée ou aux événements passés.

Il est des cas où un vœu, quoique relatif à la conduite future, est violé au moment même où on le fait ; lorsque, par exemple, on jure de croire à une proposition à la vérité de laquelle on ne croit pas au moment où l'on jure.

Ceux-là seuls sont coupables de cette profanation qui commandent ce sacrifice des principes aux préjugés, sous prétexte d'assurer la tranquillité intérieure, qu'on obtiendrait beaucoup plus facilement par la liberté qui détruit les motifs du débat.

Comme moyen d'arriver à cette tranquillité, leur voix est en faveur de ces professions de foi forcées. Ils ont contre eux la voix de l'expérience dans tous les pays qui jouissent d'une complète liberté de conscience, et dans ceux où elle a été admise dans une proportion quelconque.

Chez les Romains, tant qu'on s'est borné à enjoindre sous la foi du serment le respect pour les choses à la fois utiles et praticables, telles que l'obéissance aux ordres d'un général, la force de cette sanction était merveilleuse.

La véracité et le mensonge ont moins de connexion que les autres vertus avec le plaisir et la peine. De là la difficulté d'assigner à ces modifications le caractère qui leur appartient en propre. La sincérité et la mauvaise foi, la franchise et la dissimulation, sont plus ou moins pernicieuses, plus ou moins vertueuses ou vicieuses, selon les occurrences où elles se manifestent. Le silence lui-même peut avoir tous les résultats funestes et toute la culpabilité du mensonge, lorsque, par exemple, la communication de certains faits est un *devoir*, lorsque la prudence et la bienveillance exigent que cette communication ait lieu. La véracité, dans certains cas, doit être accompagnée du courage, et ce courage devient une vertu quand le but de cette alliance est conforme aux lois d'une morale saine.

La *circonspection* s'allie de très près au discernement ; mais elle a plus de timidité, et s'applique aux cas d'où peuvent naître des dangers plus grands que ceux qui appellent les lumières du discernement. Quand elle contient de la vertu, cette vertu est de la prudence.

La *faculté entreprenante* est l'activité combinée avec une certaine portion d'audace relativement aux mauvais résultats ; c'est l'une des formes sous lesquelles se manifeste l'activité ; elle peut être regardée comme une espèce de courage intellectuel qui fait face au danger (c'est-à-dire, au mal probable), ou qui s'en détourne. Ce peut être ou le résultat de la volonté, ou la non-application de la volonté à l'objet. L'attention est l'application de la volonté, quand quelque chose agit sur elle avec un degré considérable de force.

L'*assiduité* est l'action de la faculté entreprenante continuée, et appliquée pendant un long intervalle au même objet, sans interruption de quelque durée.

L'*économie* est la frugalité combinée avec l'art d'administrer, qui est un attribut intellectuel. Le mot frugalité s'emploie quelquefois sans relation avec l'économie, et implique une abnégation qui n'est pas nécessaire à l'économie. Chaque homme est entouré des tentations à la dissipation ; et ici, comme dans les autres parties du domaine de la morale, la pratique continuelle de l'abnégation est une habitude de vertu.

Vient ensuite une liste de qualités au nombre de quatorze, auxquelles, si nous en croyons Hume, personne ne peut un seul moment refuser le tribut de ses éloges et de son approbation. Dans ce nombre la *tempérance*, la *sobriété* et la *patience*, ne sont que des émanations de la prudence personnelle. La *constance*, la *persévérance*, la *prévoyance*, la *réflexion*, quand ce sont des vertus, sont des modifications de la prudence ; mais ce ne sont pas nécessairement des vertus ; ce peuvent quelquefois être des vices. La *discrétion*, quand c'est une vertu, appartient à la prudence ou à la bienveillance effective ; tandis que l'*ordre*, l'*insinuation* ou l'*art de plaire*, les *bonnes manières*, la *présence d'esprit*, la *rapidité de conception* et la *facilité d'expression* sont pour la plupart des attributs intellectuels qui ne doivent être rangés ni parmi les vertus, ni au rang des vices, excepté en tant qu'ils sont réglés par la volonté.

La *sobriété* est la tempérance appliquée à tout ce qui peut produire l'ivresse.

La *patience* peut être rapportée, soit à la sensation, soit à l'action. C'est la non-indication d'une souffrance égale à la souffrance présente ; et plus un homme est patient, moins la durée ajoute à sa souffrance.

La *constance* a plusieurs acceptions. La constance, dans une mauvaise cause, est un vice ; dans une bonne cause elle est une vertu : c'est la persévérance dans une cause bonne ou mauvaise ; c'est la persévérance en dépit de la tentation. Elle est ou vicieuse, ou vertueuse, ou neutre. Un homme mange, boit et dort *constamment ;* mais ces actes ne constituent ni vices, ni vertus.

La *persévérance* comporte continuité d'action. Comme la constance, elle peut être ou n'être pas une vertu ; elle provoque l'exercice de l'attention.

La *prévoyance* est l'imagination appliquée aux futurs contingents. Elle est nécessaire à l'exercice convenable de la prudence personnelle. Son action dépend de l'éloignement ou de la complexité des objets vers lesquels elle est dirigée.

La *réflexion* consiste à réunir ensemble toutes les idées qui se rattachent à un sujet donné, considérées dans leurs rapports avec le but proposé, ce but constituant le mérite ou le démérite de la qualité appelée réflexion.

La *discrétion* est une qualité négative. C'est de la bienveillance effective-négative appliquée aux cas où la révélation de certains faits serait préjudiciable à autrui ; c'est de la prudence personnelle, quand la révélation doit être préjudiciable à l'individu lui-même. Quand un secret vous est confié, et que la divulgation serait nuisible à vous ou aux autres, le divulguer c'est violer un engagement.

L'*ordre* est une modification de la méthode ; il consiste à classer chaque chose, de manière à obtenir un but donné par cet arrangement. L'ordre est un mot abstrait dont nous ne pouvons pas plus nous passer que du mot temps. Il exprime l'action de placer des objets sur une ligne. C'est une non-entité complexe résultant de l'idée d'espace et de temps.

L'*insinuation* est l'art de se faire bien venir de quelqu'un par des actes ou des discours, accompagnée du désir de cacher l'exercice de cette faculté. C'est l'art de se rendre agréable, de se rendre un objet de sympathie en cachant que c'est là le but qu'on se propose.

Les *bonnes manières* sont un instrument d'insinuation ; c'est l'insinuation dans une sphère plus vaste de pensée et d'action.

La présence d'esprit est la puissance qu'un homme exerce sur son esprit. C'est la faculté de faire sur-le-champ jaillir toutes les considérations nécessaires à une décision juste ; c'est la faculté qui adopte des mesures promptes pour empêcher le mal.

La *rapidité de conception* aurait dû précéder la présence d'esprit. C'est une idée simple, comprise dans l'idée de présence d'esprit.

La *facilité d'expression* ne peut pas être une vertu ; c'est la rapidité de conception donnant un langage à la pensée.

Les qualités agréables à nous-mêmes sont, selon Hume, la *gaieté*, la *dignité* ou la *magnanimité*, le *courage* et la *tranquillité*.

La gaieté, si c'est une disposition naturelle, n'est pas une vertu ; si elle est acquise, c'est de la prudence. Être gai, c'est éprouver du contentement et donner expression au sentiment du plaisir. C'est en grande partie le don d'un tempérament spécial, d'une constitution particulière. La vertu est une chose que des efforts peuvent susciter, qui obéit à notre volonté ; mais notre volonté ne peut commander une disposition à la tristesse ou à la joie. En s'y appliquant, on peut diminuer l'une et augmenter l'autre ; et en agissant ainsi, nous donnons lieu à l'exercice de la prudence personnelle. La gaieté est en grande partie inhérente à la nature de l'individu, bien que la jouissance y contribue et tende beaucoup à l'augmenter. L'exercice de la bienveillance est le meilleur moyen d'apprendre à se créer des instruments de joie. L'acquisition d'un ami est une source nouvelle de plaisirs futurs et d'exemption de peines à venir.

La *dignité*, quand elle est vertu, est de la prudence extra-personnelle ; elle peut se manifester dans la conduite, ou ne comprendre que la seule manifestation des instruments de dignité.

Le *courage* peut être une vertu ou un vice ; c'est en grande partie une qualité naturelle ; il n'implique pas toujours abnégation, et ne s'allie pas toujours à la bienveillance. Il est peut-être plus exact de dire que le courage n'est ni une vertu ni un vice, mais sert d'instrument à l'un ou à l'autre, sa nature dépendant entièrement de son application.

Se vanter de son courage, abstraction faite des occasions où il est exercé, c'est se vanter d'une qualité qu'un chien possède à un bien plus haut degré que l'homme, surtout si ce chien est enragé.

La *tranquillité* est l'insensibilité aux causes extérieures de souffrances, et spécialement de souffrances éloignées. Chacun désire fixer se vue sur des objets agréables, et l'éloigner d'objets désagréables.

Les qualités que Hume présente comme étant agréables à autrui sont la *politesse*, l'*esprit*, la *décence* et la *propreté*.

La *politesse* est une qualité plus négative que positive. Elle consiste à éviter les actes ou la conduite qui peuvent déplaire à la personne à laquelle on a affaire. Sa partie positive consiste à faire pour les autres tout ce qu'il leur est agréable que nous fassions. Dans tous les cas où les lois de la prudence et de la bienveillance ne s'opposent pas aux usages de la société, l'intérêt personnel demande qu'on s'y conforme. La politesse de l'ordre le plus élevée est l'application des règles reconnues dans la haute société ; mais ici, il s'y mêle tant de mensonges inutiles et souvent même évidemment pernicieux, qu'avant de déterminer son caractère, la politesse doit être analysée d'une manière complète. Elle dégénère facilement en suffisance, et au lieu d'être un instrument de plaisir, elle devient alors une occasion de déplaisance. Il est des hommes qui cherchent à se rendre agréables, soit en contant des histoires, soit par des attentions excessives, et tous ces efforts n'aboutissent qu'à fatiguer ceux auxquels ils veulent plaire. Le bon ton recherche l'admiration, pour laquelle il crée ainsi une concurrence, et ses vices commencent là où il se rend déplaisant dans un but d'égoïsme. Dans certains cas, par exemple dans les cours où l'étiquette est poussée à ses dernières limites, le sacrifice de la majorité à un seul, des conforts de tous à l'orgueil d'un homme, se manifeste d'une manière frappante. Sous les Bourbons de la branche aînée, l'étiquette, aux Tuileries, voulait que, jusqu'à ce que le roi s'assît pour jouer aux cartes, tout le monde restât debout, quelque fatigué qu'on fût. Ce pouvait être conforme à la politesse et à l'étiquette, mais ce n'en était pas moins une sottise et une absurdité.

L'*esprit* est une vertu fort équivoque. Locke dit que l'esprit consiste à découvrir les ressemblances ; le jugement, à découvrir les différences. L'esprit est une puissance, et conséquemment un objet de désir. C'est le pouvoir de donner du plaisir aux uns, mais souvent aux dépens d'une peine infligée aux autres. Si l'objet d'une spirituelle malveillance est présent, la peine est immédiate ; s'il est absent, il souffre par la perte d'une partie de la bonne opinion des autres, et on ne peut estimer la quantité de sa souffrance.

Un des mérites de l'esprit, c'est d'être inattendu. Il en est une espèce qu'il suffit de nommer pour le faire suffisamment apprécier : c'est le *quolibet*, qui, comme son nom l'indique, s'exerce sur tout indifféremment, et à qui toute pâture est bonne.

L'esprit ne se manifeste que lorsque l'analogie saisie est produite aux regards : c'est quelquefois un contraste ; mais l'analogie ou le contraste doit apparaître d'une manière subite.

La *décence* est un mot vague et insuffisant. Dans son acception générale, elle consiste à éviter de produire extérieurement ce qui est désagréable à autrui : c'est une vertu négative. Quand elle s'offre sous une forme positive, ce n'est fréquemment qu'une vertu d'église, employant la richesse à produire l'illusion. C'est la décence qui étend la pourpre sur les marches du trône, qui couvre de sculptures la chaire du pontife, qui fournit le lin de ses vêtements. C'est elle qui fait tout ce que les gouvernants veulent qui soit fait. La délicatesse est une des branches de la décence ; mais elle s'applique plus communément à éviter ce qui est physiquement désagréable. Il n'est pas rare de voir des hommes qui se font un mérite de leur répugnance pour des choses auxquelles personne ne répugne, et qui s'imaginent prouver, par cette sensibilité affectée, qu'ils appartiennent à la partie aristocratique de la société. La bienséance constitue une autre des formes de la décence ; elle consiste, en grande partie, à éviter des choses de peu d'importance, qui, si on ne les évitait pas, exposeraient au mépris d'autrui.

La *propreté* agit par l'intermédiaire de l'imagination. C'est une vertu négative. Elle consiste à éviter ce qui produit les maux physiques ou les fait appréhender. L'absence des soins que réclame la personne, est immédiatement associée à l'idée de maladiveté. C'est ainsi que la malpropreté du corps donne l'idée de mauvaise santé. La malpropreté est en quelque sorte un déplacement de la matière par petites particules. Les soins de la propreté sont exigés par la prudence, en ce que leur négligence pourrait avoir de funeste pour nous ; par la bienveillance, en ce que cette négligence aurait de désagréable pour autrui. L'impression qui résulte de l'absence de ces soins, peut être produite lors même que les substances déplacées n'ont en elles-mêmes rien de désagréable. De la poudre d'or sur la figure d'un homme, indiquerait autant que toute autre substance le manque de propreté ; de même que la farine de la plus belle blancheur, sur un panier de charbon, donne une idée d'impureté.

Hume termine sa liste par l'introduction de deux vertus, qu'il classe parmi les bonnes qualités sociales : c'est la *chasteté* et *l'allégiance*.

La *chasteté* est l'action de s'abstenir des jouissances sensuelles lorsque leur usage n'est pas permis, lorsqu'en s'y livrant on produirait plus de peines à autrui que de plaisir à soi-même. La modestie n'est pas une partie nécessaire de la chasteté. Il peut y avoir violation constante de la chasteté sans immodestie. Un langage grossier et immodeste au plus haut point, peut cependant n'être accompagné d'aucun acte contraire à la chasteté ; et de tels actes peuvent se commettre, sans qu'il soit prononcé un mot immodeste.

L'allégiance est ce qu'il y a au monde de plus vague, à moins qu'on n'indique positivement l'objet d'allégiance ; et si cet objet est conforme au principe de la maximisation du bonheur, dès lors l'allégiance devient de la bienveillance effective sur la plus vaste échelle. Tout dépend de la nature du gouvernement au profit duquel l'allégiance est réclamée. Elle peut être une vertu évidente ou un crime funeste. Un bon gouvernement est celui dans lequel l'influence est placée aux mains de ceux qui sont intéressés à l'exercice d'un pouvoir bienveillant. Le mot d'allégiance s'emploie pour obéissance. L'obéissance est bonne quand le gouvernement est bon, mauvaise quand il est mauvais. Plus des institutions sont favorables au bonheur de l'humanité, plus l'opposition dont elles sont l'objet est vicieuse ; plus ces institutions sont funestes, plus il y a de vertu dans l'opposition qui les combat. C'est là du moins ce qu'enseigne la bienveillance effective. Mais si le sacrifice fait pour renverser un mauvais gouvernement, excède les chances de bien que ce renversement doit produire, alors la vertu demande qu'on s'abstienne. On ne peut concevoir le cas où la vertu autoriserait l'intérêt personnel à tenter le renversement de bonnes institutions ; car la somme de mal qui en résulterait pour autrui, absorberait de beaucoup la somme de bien que l'individu obtiendrait pour lui-même.

Dans la plupart des exemples donnés par Hume, le moraliste assume, de sa propre autorité, un droit de décision absolue sur tous les cas qui se présentent à lui. Du haut de la chaire qu'il s'est érigée, il débite à loisir ses dogmes de morale. Il parle comme s'il était le représentant de vertus plus hautes que l'homme auquel il s'adresse. Quand il s'abstient de donner des exemples, tout ce qu'il dit n'est qu'un vain bruit de phrases sonores, de trompettes retentissantes. Il n'établit aucune distinction intelligible entre le plaisir, la passion et la peine ; il distingue là où il n'y a rien à distinguer; il essaie de résoudre des points de morale par des formules telles que celles-ci : « Il convient, il est convenable » ; ce qui est le *sic volo, sic jubeo* du despotisme pédagogique. Le plaisir et la peine sont les seuls fils propres à nous guider dans le labyrinthe des mystères de la morale. Faites comme voudrez, vous ne trouverez pas d'autre clef pour ouvrir toutes les portes qui conduisent au temple de la Vérité. [1]

Comment se fait-il que tant de mots vagues, unis à des idées vagues, ou même en l'absence de toute idée, ont pu régner si longtemps ? C'est parce que nous nous imaginons comprendre les termes qui nous sont familiers.

Nous croyons comprendre ce dont nous avons continuellement parlé, uniquement parce que nous en avons parlé continuellement. L'habitude a établi une telle coïncidence entre les mots et les choses, que nous prenons les uns pour les autres, et quand des paroles arrivent à notre oreille, nous croyons que des pensées

---

1 Les services de Hume, dans plusieurs parties du domaine de la philosophie morale et intellectuelle, ont été immenses. Il établit le premier une distinction nette entre les impressions et les idées, distinction sans laquelle il serait presque impossible d'obtenir des notions claires de plusieurs objets d'une haute importance. La distinction est évidente, dès qu'on la présente. - Je vois un home. C'est une perception. - Je ferme les yeux, mais je m'imagine le voir encore : c'est une idée.

arrivent à notre esprit. Quand un mot inaccoutumé se présente, nous l'interrogeons ; nous nous examinons, pour savoir si nous avons quelque idée qui s'y rattache. Mais venons-nous à rencontrer un mot qui nous est familier, nous le laissons passer comme une vieille connaissance : la longue habitude que nous en avons, nous fait regarder comme certain que nous en connaissons toute la signification ; et nous le traitons en conséquence. En cela nous ressemblons aux douaniers de certains pays, qui ayant apposé leur cachet sur un ballot de marchandises, toutes les fois qu'ils reconnaissent ou pensent reconnaître ce même cachet, se croient, avec raison, dispensés de procéder à un nouvel examen.

Chapitre XVII
Des fausses vertus

Il est d'autres qualités qui ont été présentées par plusieurs moralistes comme des vertus, et comme méritant les éloge et les récompenses attachées à la vertu. La plupart ont un caractère douteux ; et, comme elles offrent certains points de contact avec la prudence et la bienveillance, elles passent pour vertus, non tant à cause de leurs attributs essentiels que par leur association accidentelle avec des qualités qui sont réellement des vertus. Les défauts mêmes de caractère peuvent, de cette manière, prendre l'apparence de vertus : et il est possible que les passions soient tellement engagées d'un côté de la question, qu'elles empêchent la juste appréciation de son mérite moral. Une mère vole un pain pour apaiser la faim de son enfant affamé. Combien il serait facile d'exciter la sympathie en faveur de sa tendresse maternelle, de manière à faire disparaître dans cette sympathie toute l'immoralité de son action ! Et, en fait, pour former un jugement sain en ces matières, il ne faut pas moins qu'une appréciation large et expansive, qui transporte la question de la région du sentiment dans celle tout autrement vaste du bien public.

Le *mépris des richesses*. Le mépris de Socrate pour les richesses n'était que de l'affectation et de l'orgueil, qui n'étaient pas plus méritoires que ne l'eût été l'action de se tenir longtemps debout sur une seule jambe. Il ne faisait par là que se refuser l'occasion que la richesse lui aurait donnée de faire du bien. Le désir de s'enrichir est le désir, sous une forme vague, de posséder ce que les richesses peuvent nous procurer. De même, le refus qu'il faisait des secours d'autrui, n'était autre chose qu'un calcul personnel : c'était une lettre de change tirée sur leur estime ; c'était un calcul pour obtenir plus qu'on ne lui offrait. C'était refuser cent louis afin d'en obtenir deux cents.

Nous en dirons autant d'Épictète ; il se complaisait plus dans son orgueil que dans la bienveillance. Il se payait sur le respect qui l'environnait. Il spéculait pour obtenir par l'abnégation plus qu'il n'eût pu obtenir sans elle. Mais il avait moins de mérite que les fakirs de l'Orient, qui souffrent plus qu'il n'a jamais souffert. Il ressemblait à un avare qui amasse des richesses, afin de pouvoir, le cas échéant, faire tel usage qu'il lui conviendra de cet instrument de puissance. L'avare se paie des plaisirs de l'imagination, qui sont plus grands à ses yeux que ceux que lui donnerait la jouissance actuelle. Les avares, à mesure qu'ils vieillissent, deviennent de plus en plus insensibles aux jouissances présentes, et, par cela même, de plus en plus enclins à l'avarice, qui n'est que l'anticipation de récompenses futures.

L'*activité* sans objet n'est rien. Elle ne contient ni vice, ni vertu. Ce qui, en elle, procède de la volonté, et est dirigé vers la production du bonheur, est de la vertu. La partie intellectuelle est neutre. Quand l'activité est le résultat de la volonté, et est employée à la production du mal, c'est un vice.

L'*attention*. C'est la qualité qui distingue le botaniste qui cueille les fleurs avec soin, du rustre qui les foule aux pieds. Un écrivain moderne a présenté la *fixité d'attention* comme une vertu ; belle vertu en effet ! en sorte que si je forme le projet de tuer un homme, et que je porte toute mon attention sur ce projet, c'est une vertu.

On a aussi honoré du titre de vertu la *faculté entreprenante*, qui peut très souvent ne constituer qu'un vice. On a fait le même honneur à la *célérité*. La célérité est l'emploi de la moindre quantité de temps nécessaire à l'obtention d'un objet. C'est la promptitude sans la précipitation. C'est un moyen de prudence qu'on peut employer dans un but bon ou mauvais.

Mais, ayant établi une règle générale, que chacun peut s'appliquer, pour l'appréciation des qualités sur lesquelles il désire former un jugement ; ayant démontré, qu'à moins qu'on ne puisse les rattacher à l'une des deux grandes divisions de la prudence et de la bienveillance, elles ne constituent pas des vertus ; que celles-là seulement, parmi elles, qui peuvent être ainsi classées, sont des vertus ; nous croyons inutile d'en dire davantage sur cette matière.

Chapitre XVIII
Des passions

La passion est l'émotion intense ; l'émotion est la passion passagère.

La nature des passions ne peut être comprise que par leur division en plaisirs et en peines. Quant aux principes qui doivent les gouverner, il faut se référer à la liste des vertus et des vices.

Analysons la passion de la colère, et suivons-la dans ses conséquences. Un homme placé sous son influence, souffre ; il souffre par la contemplation de l'acte qui a excité sa passion. La conséquence immédiate est un désir de produire de la peine dans l'âme de celui qui a éveillé la colère. La colère a donc deux éléments constitutifs permanente ; la peine soufferte par l'individu irrité, et le désir d'infliger de la peine à la personne par qui la colère a été excitée.

Venons maintenant à la question de vertu et de vice. Comme il n'y a pas de colère sans peine, l'homme qui s'attire une peine sans la compensation d'un plaisir plus qu'équivalent, enfreint la loi de la prudence.

Vient ensuite le désir de produire de la peine dans l'âme de celui qui est l'objet de notre colère. Ce désir ne peut être satisfait sans malveillance et malfaisance. C'est une violation évidente de la loi de la bienveillance. Nous avons ici un exemple de la relation qui existe entre la passion d'une part, et la peine et le plaisir de l'autre ; entre la passion, et le vice et la vertu.

Ne pouvons-nous donc nous livrer à la colère sans qu'il y ait vice sous sa double forme, sans imprudence, sans malfaisance ?

Jeremy Bentham

Nous ne le pouvons pas, du moins toutes les fois que la colère s'élève à l'état de passion. Et ici se présente à la vue un résultat plus éloigné, mais plus funeste, dans la violation de la loi de la prudence personnelle. La passion ne peut être satisfaite, si ce n'est par la production d'une peine dans l'âme de celui par qui la colère a été excitée ; et cette peine ne peut être produite sans éveiller le désir de renvoyer cette peine, ou une peine plus grande, à celui qui l'a produite. La peine de l'homme irrité cesse, et habituellement elle ne tarde pas à disparaître : qui peut assigner une limite à la peine éloignée qu'on peut considérer comme le troisième anneau dans cette chaîne des effets et des causes ? La colère peut avoir obtenu ce qu'elle appelle sa vengeance, mais l'exercice de cette vengeance peut avoir créé la passion durable de l'inimitié, aux conséquences de laquelle il est impossible d'assigner une limité.

Puisque la colère ne peut exister sans vice, que faire ? Un homme peut-il vivre sans colère ? sans colère, pouvons-nous éviter qu'on ne nous nuise ; pouvons-nous pourvoir à notre défense et à notre conservation ?

Nous ne le pouvons certainement pas sans production de peine pour celui qui nous a infligé un dommage. Mais la colère n'est pas du tout nécessaire à la production de cette peine ; pas plus qu'elle n'est nécessaire au chirurgien qui, pour épargner des souffrances à son malade, au pour lui sauver la vie, lui fait subir une opération douloureuse. Il n'éprouve point de colère à la vue des souffrances qu'il inflige, ou par la contemplation des maux plus grands qui suivraient sans son intervention. Il n'est pas possible de faire que la colère n'ait jamais lieu ; cela n'est pas compatible avec l'organisation de l'esprit humain. Mais on peut dire, et cela en toute occasion et sans exception, que moins il y en aura, et mieux ce sera : car quelle que soit la quantité de peine requise pour produire un effet utile, cette peine sera beaucoup mieux mesurée sans la passion que par la passion.

Mais on dira qu'il est des circonstances dans lesquelles non seulement la peine effet naturel de la colère, la peine produite à dessein, mais la colère elle-même, la colère considérée comme passion, est utile et même nécessaire à l'existence de la société ; et que cette nécessité s'étend, dans nos sociétés actuelles, à tout le domaine de la jurisprudence pénale. On m'a volé. Le coupable, s'il est reconnu tel par les tribunaux, sera puni de mort ou déporté. Le ferai-je mettre en jugement ? Non, si je ne prends l'avis que de la prudence personnelle ; car elle me dirait : N'ajoute pas, à la perte que t'a infligée le vol, la dépense que vont te causer les frais de justice. Non, si je consulte la bienveillance ; car elle me dira que la peine est disproportionnée à l'offense. Et ce sont là les motifs qui, personne ne l'ignore, et surtout quand il s'agit de la peine de mort, déterminent fréquemment la conduite de l'homme placé dans cette position.

Mais on peut dire à cela, que si la chose était mûrement considérée, on répondrait affirmativement : Oui, poursuivez ; car l'intérêt de la société commande de n'épargner ni la souffrance du coupable, sous la voie de punition, ni la vôtre, à vous, plaignant, dans les démarches et les dépenses que ce dernier devoir vous impose. Fort bien ! Mais je n'en ai pas les moyens. Le sacrifice pécuniaire est pour moi plus grand que le bien éloigné qui naîtra des poursuites et de leurs résultats. Ici les conseils de la bienveillance n'ont aucune influence sur moi. Quelque décisifs qu'ils puissent être, ils n'obtiennent pas sur mon esprit un pouvoir déterminant.

Dans le cas dont il s'agit, ni la prudence ni la bienveillance ne pourront déterminer l'action. Et cependant, si on n'agit pas en cette circonstance, la société éprouvera un grave préjudice, d'autant plus grave que sa répétition sera plus fréquente ; et si cette répétition était constante la société serait détruite, et la ruine de la propriété suivrait immédiatement. Il y a dans la prétendue vertu, sous l'une et l'autre de ses formes, impuissance à conserver la société ; et la colère, quelque anti-sociale que soit sa nature, est d'une nécessité indispensable.

Dans l'état actuel de la législation pénale, ce raisonnement n'est pas d'une réfutation facile ; mais on verra bientôt que la nécessité de la passion ne résulte pas de la nature de la question en elle-même, mais est produite, en grande partie, par l'imperfection de nos lois. Car, si ces imperfections étaient corrigées, on peut croire qu'à tout événement, la nécessité de la passion de la colère serait beaucoup diminuée. Si l'on réduisait les frais et les difficultés qui accompagnent une poursuite criminelle, il est probable que la prudence personnelle donnerait un conseil tout opposé. Et si nous supposons un état de l'âme dans lequel la passion de la colère serait

Jeremy Bentham

soumise aux prescriptions de la prudence et de la bienveillance, combien seraient rares les occasions où cette passion trouverait un motif pour s'exercer ?

Le législateur qui a pour but de réprimer les délits, et dont l'action doit s'étendre sur l'échelle nationale tout entière, a, sous ce rapport, des devoirs différents de ceux de l'individu. Les motifs personnels ne sont pas à ses yeux les plus importants ; et tandis que la répression de la passion chez les individus semble commandée par la vertu, la bienveillance commandera au législateur l'infliction de peines qui doivent avoir pour résultat de minimiser la quantité de crimes.

La colère a cela de particulier qu'elle s'accroît par ses propres manifestations. Celui qui jure parce qu'il est en colère, voit sa colère s'en augmenter encore. C'est un appétit qui s'accroît sans être satisfait, par l'aliment même dont il se nourrit.

Ce que nous avons dit de la colère s'applique à l'envie et à la jalousie. Toutes deux impliquent la présence de la peine. La prudence exige que nous en préservions notre âme. Si elles n'y existent que d'une manière inerte et sans agir, la prudence seule exige leur suppression ; s'il y a probabilité pour qu'elles s'éveillent et produisent une influence malfaisante à autrui, leur suppression est commandée par la bienveillance.

Mais pourquoi la raison est-elle impuissante contre la passion ?

Elle ne peut présenter des images assez vives.

La raison, appliquée au gouvernement des passions, consiste à faire pencher la balance en faveur de plaisirs plus grands, de préférence à des plaisirs moindres,

La volonté cède nécessairement aux sollicitations du plus grand bien apparent.

Et les causes qui font que les influences de la passion dominent les influences de la raison, sont :

1°. Le manque d'intensité apparente dans le plaisir éloigné que promet la raison ; le manque de vivacité dans l'idée de ce plaisir.

2°. Le manque de certitude apparente, le manque de discernement immédiat, pour remonter sur-le-champ l'échelle des effets et des causes qui favorisent ou empêchent la production du plaisir lointain.

De là l'emploi de l'expédient fréquemment recommandé, et qui consiste à se servir d'une passion pour en combattre une autre. En exerçant habituellement l'esprit à faire l'application du vrai critérion de la morale, on habituera les affections et les passions à une tendance et à une conduite vertueuse. Et les occasions en sont infinies ; elles se présentent à tous les instants de notre existence, et aucune ne doit être dédaignée. Comme des flocons de neige qui tombent inaperçus sur la terre, ainsi se succèdent les événements de la vie qui semblent sans importance. Comme s'amasse la neige, ainsi se forment nos habitudes. Aucun des flocons ajoutés à la masse ne produit un changement sensible ; aucune action isolée ne crée le caractère de l'homme, bien qu'elle puisse le manifester; mais, de même que la tempête précipite l'avalanche au bas de la montagne et engloutit l'habitant et son habitation, ainsi la passion agissant sur les éléments de mal, que des habitudes funestes ont accumulés par une progression imperceptible, peut, tout à coup, renverser l'édifice de la vérité et de la vertu.

Chapitre XIX
Des facultés intellectuelles

Entre les facultés intellectuelles, et la vertu et le vice, il existe une relation intime. Lorsque la volonté influe sur leur direction, elles appartiennent au domaine de la morale ; en tant qu'il est au pouvoir de la volonté d'ajouter à leur efficacité, elles deviennent des instruments de peine et de plaisir ; et l'importance des peines et des plaisirs que leur exercice peut produire est en raison de leur quantité.

Ainsi, la faculté de l'invention, par exemple, appartient à l'intelligence ; elle est intellectuelle ; mais la question de savoir si c'est un instrument aux mains de la vertu ou du vice, est subordonnée à son application à des objets bienfaisants ou malfaisants.

Mais l'influence de l'intelligence sur la volonté est encore plus importante. C'est à l'intelligence que tout doit s'adresser, et à moins qu'elle ne soit associée aux prescriptions de la morale, l'enseignement déontologique a peu de chances de succès. Ses raisonnements, ses moyens de persuasion doivent s'adresser aux facultés intellectuelles. Il faut qu'il les mette dans ses intérêts avant de pouvoir influencer la conduite. C'est avec leur secours qu'il doit enseigner le calcul des peines et des plaisirs. C'est par elles qu'il doit montrer les peines qui accompagnent le vice, et les récompenses attachées à la vertu. Il raisonne, et sa voix prophétique prédit d'inévitables maux à l'imprudence et à l'improbité, d'infaillibles biens à la prudence et à la bienveillance. La passion n'en appelle qu'à *ce qui est*, les facultés intellectuelles offrent à la pensée *ce qui sera*. Elles constituent par le fait la principale différence entre les vertus des animaux et celles de l'homme. La plupart des animaux inférieurs ne sont arrêtés dans leur recherche du plaisir par aucune anticipation de peine à venir. Nulle appréhension des conséquences ne peut les engager à s'abstenir d'une jouissance actuelle. Si l'on en excepte quelques uns des plus intelligents, toutes les leçons sont perdues pour eux, même celles de l'expérience ; peut-être aussi cette perte de l'expérience est-elle attribuable à l'imperfection de leur mémoire. Mais l'esprit de l'homme s'étend dans le passé et dans l'avenir. La raison fait servir les événements de l'un à l'instruction de l'autre ; elle appelle à son aide non seulement l'expérience, mais encore l'imagination. Le domaine de son influence est sans limite comme la pensée ; elle recherche les conséquences, et les présente aux regards de l'investigateur ; elle dégage les peines et les plaisirs de l'alliage qui les accompagne ; elle analyse leur valeur en les divisant dans leurs parties constitutives, ou les réunit en un tout afin de s'assurer de leur somme totale ; elle les compare l'un avec l'autre quand ils sont classés chacun dans sa division respective, et de ces éléments réunis elle généralise et déduit le résultat définitif. C'est de cette manière que les facultés intellectuelles deviennent les instruments les plus importants de la vertu, conduisant les hommes dans la voie certaine et vraie du bonheur.

Hume présente ces facultés intellectuelles sans ordre ni arrangement quelconque. Néanmoins, elles peuvent se classer de la manière suivante :

Premièrement : Facultés passives.

I. Celles qui agissent sur plus d'un objet sans exiger beaucoup d'attention ou d'actes de comparaison :

1. La perception, source de toutes les autres facultés ;

2. La mémoire, qui devient active quand l'attention lui est appliquée ;

3. L'imagination, qualité passive ; elle agit même dans les rêves. Quand elle est active, elle devient l'invention.

II. Celles qui agissent sur deux objets au moins, mais sans exiger beaucoup d'attention :

1. Le jugement dans la perception visuelle.

Secondement : Les facultés actives ou de la volonté.

I. Celles qui agissent sur plus d'un objet sans le secours du jugement :

1. L'attention ;

2. L'observation, qui est l'attention appliquée à un objet spécial.

II. Celles qui exigent le secours du jugement et la présence de plus d'un objet :

1. L'abstraction ;

2. L'analyse ;

3. La synthèse, ou la combinaison ;

4. La comparaison ;

5. La généralisation ;

6. La déduction.

III. Celles qui exigent la présence d'au moins deux facultés actives de la volonté et de deux objets au moins :

1. La distribution ;

2. La méthodisation.

L'*invention* s'accomplit par l'usage des autres facultés, y compris l'attention à un degré intense, sous la direction du jugement ; elle a pour objet la découverte de quelque fait nouveau, la production de quelque nouvel effort, ou la formation de quelque nouvelle combinaison d'idées.

La *communication*, par laquelle Hume termine sa liste, semble n'avoir aucun droit à être classée parmi les facultés intellectuelles.

Quand les facultés intellectuelles ne sont pas ou ne peuvent être mises en action, la conduite ne rentre plus dans les régions du vice et de la vertu. Par exemple, dans l'enfance, avant que l'esprit ne s'exerce ; dans l'état de folie, lorsque les facultés pensantes sont renversées, il ne saurait y avoir de responsabilité, et par conséquent de sujet de louange ou de blâme.

Dans le cas d'aberration temporaire des facultés pensantes, comme, par exemple, sous l'influence de l'ivresse, le jugement de l'individu étant pour ainsi dire éteint, il n'est pas responsable de l'acte commis. C'est une conséquence secondaire d'une imprudence première. Dans les cas de folie, les mesures que la société doit prendre sont évidentes ; la spontanéité d'action doit être enlevée. Pour ce qui est de l'enfance, la question d'impunité doit dépendre du degré de développement intellectuel de l'enfant ; et l'on se convaincra que, dans un âge bien tendre, l'influence de la peine attachée à toute aberration de conduite peut être mise en action. Et du moment où cette discipline est capable d'opérer, il doit en être fait application. Dans le cas d'actes commis sous l'influence de l'ivresse, il n'y a point droit à impunité ; et il n'est guère possible de donner une règle générale applicable à tous les cas. Il faut consulter toutes les sanctions afin d'infliger pour le passé des peines suffisantes, et d'obtenir toutes les garanties convenables pour l'avenir.

Chapitre XX
Conclusion.

Que résulte-t-il de tout ce que nous avons dit ? Le développement de deux principes ; premièrement, le principe de la maximisation du bonheur, ou la diffusion du bien ; et secondement, le principe du non-désappointement, ou la prévention du mal. De ces deux sources découle toute la morale.

On peut objecter que tous nos raisonnements n'ont point placé nos principes dans le domaine de la démonstration. Et quand cela serait ? si nos arguments parviennent à régler la conduite de manière à produire un résultat qui ne laissera après lui aucun regret, que pouvons-nous désirer de plus ? Ont-ils assez de force pour donner cet excédant de plaisir vers lequel ils tendent, et qui est leur unique but ? Que pourraient-ils faire de mieux ?

Que ces arguments soient de ceux que nous nommons intuitifs, ou démonstratifs, ou probables, qu'importe ? Ils satisfont complètement notre raison, et quel que soit le nom qu'on leur donne, leur succès ne saurait s'en accroître.

Donnez-leur le nom de démonstration ou tout autre, qu'est-ce que cela fait ? Ce n'est pas le nom, mais bien la chose qui nous intéresse.

Toutefois, il y a quelque chose au fond de cette sollicitude. Ce que les hommes veulent savoir, c'est le degré de certitude sur lequel ils peuvent compter. Où est la preuve que cette morale est la vraie ?

Appelez démonstration la preuve qu'ils ont d'une proposition ; dès lors ils peuvent l'affirmer d'une manière positive sans s'exposer au reproche de légèreté, soit d'eux-mêmes, soit de la part d'autrui.

Nul ne peut avoir présentes à l'esprit les preuves de toutes les propositions auxquelles il croit, quelque vraies qu'elles puissent être. C'est l'absence de la chose qui fait que les hommes s'occupent tant du mot.

Nul homme, si philosophe, si scrupuleux qu'il soit, qui ne croie à un infiniment plus grand nombre de propositions, sur parole, que par perception. La seule différence qu'il y ait en cela entre celui qui est philosophe et celui qui ne l'est pas, ou entre l'homme sage et l'homme faible, c'est que ce dernier s'appuie exclusivement sur l'autorité, depuis la première proposition jusqu'à la dernière ; tandis que le premier laisse toujours ouverte la voie d'appel à sa raison, c'est-à-dire, à ses propres perceptions. Les jugements du premier, sur les témoignages de l'autorité, sont provisoires ; ceux du second sont définitifs.

Mais il est des propositions qui ne sont pas susceptibles de démonstration. Il n'est pas possible, par exemple, de soumettre à une épreuve mathématique cette proposition que le bien-être est préférable au mal-être ; mais que celui-là qui nie le principe, nie le raisonnement. C'est le seul axiome que nous désirions qu'on nous accorde, et ce n'est pas beaucoup demander à la confiance et à la crédulité des hommes.

La marche des principes utilitaires a été visible. Ils se sont frayé une voie par la force et l'excellence qui leur est propre. Quelle occupation préférable pour l'homme, à celle de rechercher les conséquences des actions ? L'observation a amené avec elle des résultats correspondants.

Les hommes se sont aperçus que telles et telles actions étaient utiles, que telles et telles autres étaient nuisibles. Ils ont pris une action particulière, de l'espèce nuisible, par exemple ; en en retranchant les circonstances spéciales de temps, de lieu, de parties, ils ont formé une idée générale. À cette idée générale ils ont donné un nom ; ce nom a constitué un genre auquel ont été rapportés généralement les actes de la même nature. Lorsque, prenant en considération ce genre ou cette espèce d'action (peu importe le nom que nous lui donnerons), il est venu à l'idée de quelqu'un de qualifier de nuisible ce genre ou cette espèce, la proposition ainsi énoncée, la proposition exprimant ainsi la nature nuisible d'une sorte d'actions, a constitué une maxime d'utilité.

Mais il n'est pas probable qu'à l'époque éloignée dont nous parlons, et qui a précédé la formation des lois, les hommes aient qualifié d'une manière aussi claire les actes qui les ont affectés. En général, les hommes n'en sont point encore arrivés là, même de nos jours. Il est probable qu'ils ont exprimé leur sentiment dans des termes vagues et obscurs, tels que ceux de *juste*, de *convenable*, qui faisaient connaître leur désapprobation, mais non ses motifs. Quelque étrange que la chose paraisse, il n'en est pas moins vrai que, pour la plupart des hommes, il y a une grande différence entre la faculté qui ressent de la peine d'un acte et le flétrit d'un sentiment de réprobation, et celle qui considère cette peine comme la cause de la désapprobation.

Rien de plus oiseux que d'en appeler à l'antiquité comme à une autorité. Au milieu de quelques vérités, on y trouve des milliers de mensonges. La lumière n'y brille que par le contraste des ténèbres environnantes. Parmi les instruments d'erreur, l'érudition a souvent mis en usage les plus funestes. Il est vrai que des soi-disant philosophes ont tenu tel langage, ont professé telles opinions. Qu'en conclure ? Car si de leurs paroles on ne peut tirer aucune conclusion pratique, si de leurs opinions ne peut résulter aucun bien, quelle en est l'utilité ? Il est des hommes dont on peut résumer ainsi les paroles :

« Lisez peu les livres modernes, et beaucoup ceux des anciens. Pour la science morale adressez-vous à Aristote et à Platon ; pour la métaphysique, non à Locke, mais à Aristote ; pour la botanique, non à Linné, mais à Théophraste et à Ælien. »

C'est précisément là le moyen de parler de tout et de ne rien savoir ; de mettre entre soi et la science, dans toutes les branches des connaissances humaines, la distance qu'il y a entre un enfant qui ne sait pas ses lettres et le professeur le plus éclairé.

Lors même que l'on ne présenterait que des propositions vraies, et que l'on les revêtirait de la phraséologie la plus simple, la vie d'un homme ne serait pas assez longue pour qu'il pût meubler son esprit du bagage des diverses sciences. Et pourtant il est bon nombre de gens qui voudraient nous envoyer pâlir sur des livres dans lesquels, sur dix propositions évidemment fausses, sur dix fois autant d'inintelligibles, vous en trouverez à peine une de vraie, et encore celle-là on vous la sert dans les compilations les plus misérables sur la matière ; vous pourrez parcourir des volumes entiers des écrivains de l'antiquité, sans que la découverte d'une seule vérité vienne vous dédommager de vos peines.

Pour faire que ce préjugé ne soit pas le plus absurde, comme l'un des plus pernicieux, il faut renverser tout l'ordre de la nature. Il faut soutenir que le gland est plus grand que le chêne qu'il doit produire un jour ; que l'enfant, dans le ventre de sa mère, est plus sage que l'homme dans la vigueur de la maturité. Il faut supposer que toute chose marche à reculons, et que de nouvelles expériences ajoutées à la masse des acquisitions existantes, doivent en diminuer le nombre.

Il est difficile de supposer qu'un homme s'attache de bonne foi à un système aussi évidemment pernicieux. S'il en existe, plaignez-le ; mais traitez-le comme l'ennemi de toutes lumières et de tout bonheur fondé sur elles. Il y va de l'intérêt public que de telles idées ne puissent prévaloir.

Un homme ne se fait pas de Platon une assez haute idée. Qu'en résulte-t-il ? Rien. Un homme se fait de Platon une trop haute idée. Qu'en advient-il ? Il lit Platon. Il se met l'esprit au supplice pour trouver un sens à ce qui n'en a pas. Il remue ciel et terre pour comprendre un écrivain qui ne se comprenait pas lui-même, et ne

Jeremy Bentham

retire de cette masse indigente qu'un sentiment profond de désappointement et d'humiliation. Il a appris que le mensonge est la vérité, et que le sublime est dans l'absurde.

De tous les livres imaginables, il n'en serait pas de plus utile qu'un index bien fait de tous les livres qui ont contribué à tromper et à égarer le genre humain. Mais l'auteur devrait avoir assez d'autorité pour pouvoir se constituer juge des opinions des hommes.

Si la théorie morale que nous avons développée dans cet ouvrage est de quelque valeur, cette valeur se trouvera dans sa simplicité, sa clarté et son application universelle. Mais de ce que le critérion a été découvert, qui peut servir à mesurer et à résoudre les innombrables questions du juste et de l'injuste, qu'on n'aille pas conclure que la découverte de ce critérion, et de son efficacité universelle, a été obtenue sans recherches pénibles, sans méditations laborieuses. Ce qui fait le mérite d'une pensée profonde, c'est que le lecteur n'est pas obligé de descendre dans le puits de la vérité, et de puiser lui-même à son onde salutaire et rafraîchissante ; c'est l'écrivain qui se charge de ce soin, et qui met ce bienfaisant breuvage à la portée de tous. On a peu d'obligation à l'homme qui en envoie un autre en quête de quelque vérité inconnue ; mais celui-là a un droit incontestable à l'estime des hommes, qui, après être allé à la recherche du trésor, le rapporte et en fait part à tous ceux qui veulent bien le recevoir de sa main.

Afin de juger du mérite d'un ouvrage qui a la vérité pour but ; afin de l'apprécier convenablement, il faut connaître quelque peu les erreurs contre lesquelles il est dirigé, et qu'il a pour objet de détrôner. Il est beaucoup de gens près de qui le mérite apparent d'un tel ouvrage sera en proportion inverse de son mérite réel. Plus il remplira son but de simplifier les questions les plus compliquées, plus il est à craindre qu'on ne lui reproche de ne rien contenir d'extraordinaire.

Une seule observation qui parait ne dire que ce que tout le monde savait déjà, suffit quelquefois pour rendre inutiles des volumes de sophismes spécieux et formidables.

Il peut arriver que cet ouvrage soit exposé à l'hostilité de différentes espèces de gens, et par des raisons opposées ; par cela seul qu'il ne contient rien d'extraordinaire, l'ignorant, qui n'entend rien à la matière, pourra le croire superficiel ; les faux savants, qui ont des préjugés qu'ils n'aiment pas à voir mettre en question, pourront le condamner comme paradoxal, parce qu'il ne cadre pas avec ces préjugés.

Coup d'œil

Sur le principe

DE LA MAXIMISATION DU BONHEUR ;

Son origine et ses développements.

Si les intentions de l'auteur et de l'éditeur de cet ouvrage ont été remplies, on doit voir qu'il ne contient que l'application du principe de la maximisation du bonheur au domaine de la morale. Quand ce principe se présenta pour la première fois à l'esprit de Bentham, il l'appela principe de d'utilité ; mais il ne tarda pas à découvrir que ce mot n'offrait pas immédiatement à la pensée des autres, l'idée qu'il y attachait lui-même, à savoir qu'une chose n'est utile qu'en proportion qu'elle augmente le bonheur de l'homme. Le bonheur étant le but et l'objet qui doivent être constamment en vue, le mot d'utilité ne renfermait pas nécessairement celui de félicité. Il n'est pas sans intérêt de retracer l'influence du principe de la maximisation du bonheur sur la philosophie de Bentham, depuis l'époque où il a commencé à occuper sa pensée, jusqu'à celle où il est devenu, entre ses mains, la clef qui lui servi à ouvrir tous les secrets de la science morale et politique.

C'était en effet le drapeau auquel il se ralliait dans toutes les circonstances de sa vie publique et privée ; l'oracle à la voix duquel il obéissait sans hésiter, soit dans sa capacité individuelle, lorsqu'il cherchait pour lui-même des règles de conduite ; soit en sa qualité de membre de la patrie commune, lorsqu'il s'efforçait de montrer à ses concitoyens le sentier de la sagesse et de la vertu publique. Dans toutes les parties du domaine de la pensée et de l'action, il invoquait son aide et son conseil : il l'interrogeait sur ses lois et sur leurs motifs, et il enregistrait ses réponses pour l'usage et la direction de ses semblables.

C'était le principe qu'il se proposait à lui-même et qu'il recommandait aux autres, non-seulement comme le but où il faut tendre, mais encore comme moyen de l'atteindre, et comme motif pour le rechercher. C'était pour lui comme un vaste magasin qui le fournissait d'arguments, d'objets, d'instruments et de récompenses.

Il n'ensevelit point son idée dans les nuages d'une phraséologie vague et obscure ; mais il puisa, dans la région de la félicité et de la misère humaine, tous les plaisirs et toutes les peines dont le bonheur et le malheur se composaient, et dont la nature de l'homme est susceptible. C'est dans les plaisirs dont l'humanité peut jouir, dans les peines dont elle peut être exemptée, qu'il trouva les éléments de la science qu'il enseignait. Il s'occupait continuellement à calculer leur nombre, à peser leur valeur, à estimer leurs résultats ; et la grande affaire de sa vie était de procurer à chacun des membres de la famille humaine, la plus grande quantité possible de félicité, soit par l'allégement des souffrances, soit par l'accroissement des jouissances.

Ces peines et ces plaisirs appliqués aux choses du gouvernement, soit législatif, soit administratif, sont autant de parties élémentaires du capital dont les gouvernants peuvent disposer pour la production du bonheur des hommes.

L'histoire du principe de l'utilité est l'histoire des sommes ajoutées au capital de la félicité humaine ; c'est l'histoire de ce qui a été fait, à diverses époques, pour améliorer et perfectionner les opérations dont résultent les jouissances. L'œuvre définitive ainsi produite est le bonheur, et tous ceux qui ont travaillé à sa production, ou qui ont contribué à lui donner une forme plus complète et plus durable, ont droit à l'honneur de la coopération ou de la découverte.

Les livres qui ont conduit à l'application efficace des instruments de bonheur, les instructions qui ont aidé les hommes à avancer du principe spéculatif et sans emploi, à son application aux choses de la vie, peuvent être considérés comme les auxiliaires les plus importants dans l'accomplissement des triomphes du bonheur.

La première fois que nous trouvons le principe mentionné, c'est dans la troisième satire d'Horace (livre Ier), écrite quelques années avant la naissance de Jésus-Christ. Le poète parle de l'opinion professée par les stoïciens, que tous les méfaits (*peccata*) sont sur la même ligne dans l'échelle de la culpabilité, et que la même somme de blâme doit leur être infligée. Il poursuit ainsi :

Queis paria esse ferè placuit peccata, laborani

Quùm ventum ad verum est : sensus moresque repugnant ;

Atque ipsa utilitas justi propè mater et æqui.

Les sentiments des hommes, la coutume et l'utilité elle-même, sont, dit-il, en contradiction avec la théorie des stoïciens ; et il a raison. Son observation, telle qu'elle est, si elle n'est pas profonde, est du moins exacte. Elle propose un but, celui vers lequel tendent et auquel se subordonnent la justice et l'équité. Il fait plus ; il avoue que si nos idées de justice et d'équité sont fondées, elles ont leur source dans l'utilité.

Un peu après l'époque où florissait Horace, Phèdre enseignait presque la même doctrine :

Nisi utile *est quod faceris, stulta est gloria.*

« Si ce que vous faites n'est *utile*, votre gloire n'est que folie. »

Mais, dans Horace et Phèdre, la mention de l'utilité, comme règle de conduite, paraît plus accidentelle que raisonnée. Aucun d'eux ne semble avoir compris la valeur et l'importance de la doctrine qu'il a émise. Elle n'occupe nulle part, dans leurs écrits, la place d'un grand et important principe. Nulle secte ne l'avait adoptée ; elle n'était avouée, suivie, professée par personne ; elle n'existait encore qu'en germe ; elle n'avait ni influence ni pouvoir; elle n'avait point obtenu de place dans les Champs Élysées, parmi ces aphorismes écrits en lettres d'or qu'Anchise s'occupait à parcourir lorsque Énée l'aborda ; elle était là isolée, dédaignée, inconnue, comme cette vérité qui tomba un jour par hasard de la plume d'Aristote, lorsqu'il écrivit que toutes les idées ont leur source dans les sens, autre magnifique principe posé alors, mais dont les conséquences ont été cachées depuis à la perception d'un grand nombre de générations. Locke fut le premier à discerner la valeur d'une observation dont le développement le mit à même de renverser l'empire universel qu'avait usurpé une prétendue logique, combattant sous l'étendard de ce même Aristote ; mais ce fut David Hume qui, en 1742, donna de l'importance au mot *utilité*.

Hume, dans ses Essais, reconnut l'*utilité* comme *principe*. Néanmoins il employa ce mot d'une manière confuse. Quelquefois il considère l'utile comme conduisant à un but quelconque et indéterminé ; d'autres fois, ce but est spécifié : c'est la vertu. Il ne fait entendre nulle part que l'idée de bonheur soit inséparablement liée à l'idée d'utilité. L'utilité, selon lui, c'est cette partie inhérente à une machine, à un meuble, à un vêtement, à une maison, qui fait que ces choses sont utiles, en ce sens qu'elles répondent au but proposé. Il mentionne le plaisir et la peine ; mais nulle part il ne présente les plaisirs et les exemptions de peines, comme les éléments dont la réunion compose le mot bonheur. Il mentionne, sans essayer aucunement de montrer leurs relations ou leur dépendance, plaisirs, peines, désirs, émotions, affections, passions, intérêts, vertus, vices, tous pêle-mêle confondus, indéfinis, indistinguibles, comme ces atomes que nous voyons s'agiter dans un rayon de soleil. Il parle du plaisir comme de l'utilité, d'une manière vague et insuffisante. Quant aux peines dont l'exemption est au moins aussi nécessaire au bonheur que le plaisir lui-même, il est encore à leur égard plus vague et plus inintelligible. On ne trouve aucune trace de cette analyse qui distingue un plaisir d'un plaisir, une peine d'une autre.

Il ne tient aucun compte des parties constitutives d'une masse quelconque de bien ou de mal, soit pure, soit mélangée ; aucun critérion du juste ou de l'injuste n'est produit ; aucune réponse n'est indiquée à cette question « Que faut-il faire ? de quoi faut-il s'abstenir ? » Il en est de même des vertus. Çà et là on trouve semés en abondance les noms de vertus particulières ; mais de même qu'Horace, dans ses Satires, place tous les méfaits (peccata) sur le même niveau, de même Hume met toutes ses vertus sur la même ligne, ne tirant entre elles aucune ligne de démarcation, ne donnant aucune règle qui puisse servir à les faire distinguer l'une de l'autre. Elles sont, il est vrai, classifiées ; mais leur classification ne sert en aucune manière à résoudre la grande, la seule importante question, de savoir dans quelle proportion chacune d'elles conduit au bonheur. Ainsi les propositions avancées par Hume ne sont pour la plupart que *vagues généralités*, qu'un résultat dangereux et insuffisante ne fournissant à l'ignorant aucune lumière, et aucun secours aux embarras de l'investigateur.

Il semble qu'on eût pu mieux attendre d'un esprit si pénétrant, n'ayant d'ailleurs aucun intérêt opposé à celui de la vérité. Si, en matière légale, tout le troupeau des écrivains vulgaires s'attache plutôt à rechercher ce qui *a été*, ou ce qui *est*, que ce qui *doit être*, il n'y a là rien qui doive étonner. C'est dans la pratique et non dans la philosophie de la loi qu'ils puisent leurs bénéfices. Mais ce qu'on doit déplorer, c'est que David Hume se soit égaré au point de ne pas voir que les peines et les plaisirs sont susceptibles d'estimations diverses ; qu'ils représentent des valeurs différentes ; que ces mots de bien et de mal n'ont qu'un sens indéfini et véritablement inintelligible, à moins d'être divisés dans les parties qui les composent ; que le bonheur lui-même n'est qu'une chimère jusqu'à ce que ses éléments constitutifs aient été rendus accessibles à l'investigation. Hume a laissé les grandes questions morales dans la région spéculative ; il n'en a rendu aucune applicable à une fin utile par des signes intelligibles et distincts. Sa théorie est une vapeur répandue dans l'air, un nuage flottant à une hauteur plus ou moins grande ; ce n'est jamais une rosée ou une pluie bienfaisante venant humecter la terre : elle offre, à l'investigateur épuisé, le supplice de Tantale ; elle provoque sa soif sans l'étancher jamais.

Hume, néanmoins, rendit un important service ; il désigna l'utilité comme la base et la clef de voûte d'un bon système de morale, et l'opposa au *sens moral*, base sur laquelle d'autres philosophes avaient bâti leurs théories morales. C'était quelque chose que de mettre en regard, et comme en contraste, les deux principes. Une investigation attentive démontrait qu'ils étaient aussi éloignés l'un de l'autre que les deux pôles ; le principe du sens moral n'étant que l'une des formes que revêt le despotisme raisonneur et le dogmatisme, et se résolvant dans le sens moral ou l'opinion de l'individu ; tandis que le principe de l'utilité dirige presque infailliblement la pensée, s'il ne l'y conduit pas, vers la région des peines et des plaisirs, et conséquemment du vice et de la vertu.

En 1749, Hartley publia la première édition de son ouvrage sur *l'Homme*. Dans ce livre, il donna la définition vraie du bonheur, en démontrant qu'il se compose des éléments que fournissent les plaisirs divers. Il traduisit, pour ainsi dire, la langue du bonheur en celle des plaisirs et des peines ; il traça une liste de plaisirs et une liste parallèle de peines ; mais il ne vit point les rapports qui unissent le tout au principe de la maximisation du bonheur. Sous ce nom, ou sous celui d'utilité, ou sous tout autre, il ne rapporta pas tout à cet unique guide de la vie publique ou privée. Il alla plus loin que ses prédécesseurs, et puis il s'arrêta en vue du rivage où il ne descendit jamais. Le docteur Priestley popularisa, jusqu'à un certain point, cet ouvrage d'Hartley dans une édition postérieure, qu'il dégagea de tout ce qui était étranger à la matière.

Helvétius écrivit en 1758 son livre *de l'Esprit*. Ce livre fut une importante acquisition pour la science de la morale et de la législation ; mais il serait bien difficile de donner dans quelques lignes, ou même dans quelques pages, une idée exacte de tout ce que cet ouvrage a fait et de tout ce qu'il a laissé à faire. En effet, tantôt vous le voyer briller comme le soleil dans sa splendeur, versant des flots de lumière et de vérité sur tout le domaine de la pensée et de l'action ; puis tout à coup la lumière est voilée par de sombres nuages, et le lecteur s'étonne de cette subite obscurité. Ce sont des éclairs d'éloquence, plutôt qu'une lumière égale et modérée ; c'est l'éclair qui illumine pour un instant d'une clarté trop vive, et que l'œil ébloui échangerait volontiers contre la lumière régulière et paisible d'une lampe ordinaire.

C'est à ce livre néanmoins qu'on a souvent entendu M. Bentham attribuer une grande partie du zèle et de l'ardeur qu'il a mis à propager sa bienfaisante théorie. C'est là qu'il allait puiser des encouragements, se flattant que ses droits dans cette grande cause ne seraient pas sans fruit. C'est là qu'il apprit à persévérer, sûr qu'il verrait sa puissance d'action augmenter, et reculer les limites de son utilité. Non qu'il ne restât beaucoup à faire après Helvétius. Il n'avait pas dénombré les peines et les plaisirs ; il ne les avait pas classés selon leur valeur ; mais il avait fortement fait ressortir l'influence de l'intérêt et de l'opinion, et c'était là un point gros de conséquences incalculables. Il avait mis à nu plusieurs de ces motifs d'action dont la connaissance est d'une nécessité absolue pour faire une estimation quelque peu juste de la conduite et du caractère ; et en démontrant que l'opinion est subordonnée à l'intérêt, il prouva cette subordination non seulement dans les opinions publiquement avouées, mais encore dans celles dont la formation a été privée et même clandestine. La liste des causes d'inconduite, spécialement dans les hommes publics, atteste autant de profondeur philosophique que de sagacité d'observation. Dans les intérêts hostiles, dans les préjugés nés de l'intérêt, dans ceux qu'engendre l'autorité, dans la faiblesse primitive ou acquise, il vit, comme tout homme doit voir, les sources des infirmités humaines.

Helvétius appliqua donc le principe de l'utilité à un usage pratique, à la direction de la conduite dans les choses de la vie. A cet être idéal qu'on appelait le bonheur, il conféra une existence substantielle en l'identifiant avec le plaisir, auquel il « donna un nom et assigna un siége local. »

Il fit de l'utilité la mère du plaisir, et il en fit naître une foule d'idées, idées d'un caractère positif et intelligible, idées si habilement évoquées, exposées avec tant d'attrait, qu'elles ne pouvaient manquer d'être présentes et familières aux esprits les moins attentifs, les moins observateurs et les plus superficiels.

Le docteur Priestley publia, en 1768, son *Essai sur le Gouvernement*. C'est dans cet ouvrage qu'il désigna en italique, « le plus grand bonheur du plus grand nombre », comme le seul but juste et raisonnable d'un bon gouvernement. C'était un grand pas en avant du mot utilité. Le but principal, l'ingrédient caractéristique, se trouvait ainsi désigné. Dans une seule phrase se trouvait compris tout ce qui avait été fait jusque-là. Cette formule laissait bien loin derrière elle tout ce qui l'avait précédée. Ce n'est pas seulement le bonheur qu'elle proclamait, mais encore sa diffusion ; elle l'associait à la majorité, au grand nombre. Du reste, le livre de Priestley était, comme la plupart de ses autres productions, écrit à la hâte et avec négligence.

« Il arriva », et ici nous croyons devoir citer les paroles mêmes de Bentham telles que nous les avons recueillies de sa bouche lorsqu'il nous racontait ce qu'il appelait plaisamment les aventures du principe de la maximisation du bonheur, à savoir, son origine, sa naissance, son éducation, ses voyages et son histoire ; - « Il arriva, je ne sais comment, que peu de temps après sa publication un exemplaire de cet ouvrage parvint à la bibliothèque circulante d'un petit café, appelé *café Harper*, lequel était en quelque sorte annexé au collège de la Reine (Queen's College), à Oxford, dont l'achalandage le faisait subsister. La maison faisait le coin ,

Jeremy Bentham

donnant, d'un côté, sur la rue Haute (High-Street) ; de l'autre, sur une ruelle qui de ce côté longe le collège de la Reine, et aboutit à une rue qui mène à la porte du Nouveau-Collège (New-College). On s'abonnait à cette bibliothèque à raison d'un shelling par trimestre, ou, pour parler le langage universitaire, un shelling par terme. Le produit de cette souscription se composait de deux ou trois journaux, d'un ou deux magasines, et, par-ci par-là, d'une brochure nouvelle. Il était rare, pour ne pas dire sans exemple, d'y voir un octavo de moyenne grosseur. Quelques douzaines de volumes, formés partie de pamphlets, partie de magazines réunis ensemble par un cartonnage, composaient donc toute la richesse de cette bibliothèque, qui contrastait étrangement avec la bibliothèque Bodléienne et celles des collèges du Christ et de Tous-les-Saints (Christ's Church and All-Souls).

« L'année 1768 est la dernière dans laquelle il me soit jamais arrivé de faire à Oxford un séjour de plus d'un jour ou deux. J'étais venu pour voter, en ma qualité de maître-ès-arts, pour l'université d'Oxford, à l'occasion d'une élection parlementaire. Je n'avais pas alors complété ma vingt-et-unième année, et cette circonstance aurait pu élever dans la Chambre des Communes une discussion électorale, si un nombre suffisant de votes non sujets à contestation n'avait mis la majorité hors de doute. Cette année était la dernière dans laquelle cet ouvrage de Priestley pût me tomber sous la main. Quoi qu'il en soit, ce fut la lecture de ce livre et de la phrase en question qui décida de mes principes en matière de morale publique et privée ; c'est là que je pris la formule et le principe qui depuis ont fait le tour du monde civilisé. A cette vue je m'écriai, transporté de joie, comme Archimède lorsqu'il découvrit le principe fondamental de l'hydrostatique : « Je l'ai trouvé, Ευρηκώ » J'étais loin de penser alors au correctif que, plus tard, après un plus mûr examen, je me verrais forcé d'appliquer à ce principe. »

Longtemps avant cette époque, le principe de l'utilité avait pris possession de l'esprit de Bentham. Bien jeune encore, ce qu'il appelait alors « le galimathias cicéronien », excitait déjà son impatience et son dégoût.

« Je n'avais pas complété ma treizième année », pour continuer à employer ses propres expressions, « qu'une autorité qui, pour ne pas être celle de mes professeurs, n'en était pas moins irrésistible, m'imposa la tâche de traduire en anglais l'ouvrage de Cicéron connu sous le nom de Tusculanes. Là j'appris que la douleur n'est pas un mal. La vertu suffit par elle-même pour conférer le bonheur à l'homme disposé à la posséder à ce prix. Quelle utilité pouvait-il y avoir à charger la mémoire de pareilles absurdités ? Quelle instruction à tirer d'une proposition contradictoire, ou d'un nombre quelconque de propositions semblables ? Quand un homme éprouve une douleur, soit dans la tête, soit dans l'orteil ou dans l'une des parties intermédiaires de son corps, que lui servira de se dire à lui-même ou de dire aux autres que la douleur n'est point un mal ? Cela lui ôtera-t-il sa douleur ? Cela la diminuera-t-il ?

« Quant au bonheur, si on avait fait voir en combien de manières diverses, ou, s'il n'y en a qu'une seule, en quelle manière elle contribue, comme elle le fait réellement, au bonheur de l'homme, cela aurait pu être de quelque usage, et une grande utilité aurait pu s'y attacher ; mais dire que la vertu doit par elle-même produire et maintenir le bonheur, quelle que soit d'ailleurs la condition d'un homme sous d'autres rapports, c'est purement énoncer une proposition en contradiction directe avec l'expérience constante et universelle. Donner la définition du mot vertu, c'eût été faire quelque chose, et c'est ce que tout homme pourra faire avec le principe de la maximisation du bonheur ; mais lorsqu'un homme souffre d'un accès de goutte, ou de la pierre, ou du tic douloureux, lui direz-vous qu'il est heureux, ou que, s'il ne l'est pas, c'est faute de vertu ? Serait-ce le moyen de le soulager ? Ne serait-ce pas, au contraire, une moquerie cruelle et insultante ?

« C'était là le galimathias dont s'amusaient certains philosophes de l'antiquité, lorsqu'ils causaient entre eux en se promenant de long en large sous des colonnades appelées portiques : ce qui les avait fait nommer stoïques, d'un mot grec, στοα, qui signifie portique.

« L'opinion commune, à leur égard, est que, comparés à nos contemporains de la même classe, c'étaient en général de bonnes gens ; et assurément, dans tous les temps, il n'a jamais manqué de ces bonnes gens passant leur vie à dire des absurdités sous mille formes diverses ; mais il ne s'ensuit pas qu'eux ou leurs successeurs en aient mieux valu pour cela. »

Jeremy Bentham

L'ouvrage de Bentham intitulé : *Fragment sur le Gouvernement*, fut publié en 1776. Il fit dans le public une grande sensation. La réputation des Commentaires de Blackstone était à son apogée, et c'était la première fois qu'on tentait avec succès de rabaisser la renommée et de réduire l'influence de cet éloquent adulateur de tous les abus anglais, de cet apologiste indifférent du bien et du mal. Le docteur Johnson attribua l'ouvrage à Dunning, et Bentham avoue qu'il s'était en grande partie proposé d'imiter le style de Dunning, qui l'avait frappé par sa précision, sa correction, sa justesse d'expression, et sa rigueur d'argumentation. L'objet immédiat du fragment était de détruire la fable du « Contrat primitif, » sur lequel les légistes étaient depuis longtemps dans l'habitude d'élever l'édifice gouvernemental ; l'utilité fut l'instrument qu'employa l'auteur pour renverser cette prétention sans base, et ce principe en main, il ruina de fond en comble la théorie du commentateur célèbre. Néanmoins, dans le « Fragment », l'expression de *bonheur* n'est pas substituée à celle d'*utilité* ; toutes deux sont employées indifféremment l'une pour l'autre, et comme se traduisant mutuellement. Le «Fragment », n'alla pas au-delà de ce premier pas. Dans cet ouvrage, le mot *utilité*, non plus que le mot *bonheur*, ne sont point analysés dans leurs éléments constitutifs. Les peines et les plaisirs ne sont point mis sous les yeux du lecteur, moins encore divisés dans leurs différentes espèces, ou classés en raison de leur valeur distincte et comparative. Bentham a souvent dit que les idées d'utilité et de bonheur étaient si intimement réunies dans son esprit, qu'il ne pouvait s'imaginer leur séparation dans la pensée d'un homme quelconque. Quelles que fussent les lacunes que laissât encore le « Fragment », cependant il réussit à anéantir le système du « Contrat primitif. » L'hostilité de Bentham contre ce dogme vint de ce qu'il s'aperçut de l'usage qu'on en faisait pour justifier les abus de la loi, et pour résister aux réformes les plus nécessaires dans l'administration de la justice. Ce dogme avait été produit sous la sanction du grand nom de Locke ; mais Bentham n'avait pas encore seize ans, que déjà il se sentait révolté lorsqu'il assistait aux leçons de Blackstone, de l'usage qu'en faisait cet adroit sophiste pour la justification des monstruosités d'un mauvais gouvernement. « Je résolus de lutter contre ce faux principe », dit-il dans un de ses memoranda, « je résolus de le jeter à terre. Je le fis, et nul depuis n'a osé le relever et le soutenir. »

Bentham a infligé à la philosophie ascétique une blessure mortelle, dans l'examen qu'il en a fait dans son « Introduction à la morale et à la législation. » Peut-être ne se trouverait-il personne aujourd'hui qui osât soutenir que la douleur est le grand objet que doit se proposer l'existence, quelque méritoire et vertueuse que puisse lui paraître l'infliction de certaines peines sur lui-même. Nul ne peut nier qu'il soit des occasions où le plaisir peut raisonnablement et moralement être recherché pour lui-même, et où le devoir et l'intérêt nous prescrivent également d'éviter la douleur ; mais celui qui soutient que la recherche d'une somme additionnelle de plaisir est un crime dans certains cas, celui-là est tenu de produire ces cas, et de montrer sur quoi il base cette exception à la règle générale. L'obligation d'administrer la preuve retombe sur lui tout entière. Dans les siècles de la domination monacale, le démon de l'ascéticisme tenait tout enchaîné sous son sceptre ensanglanté. Ce démon était une source permanente de mal et d'imposture. Advienne que voudra du principe de la maximisation du bonheur, son antagoniste avoué est pour jamais réduit au silence.

Ce qui en effet caractérise l'ascéticisme, c'est qu'il est funeste, absurde, inconséquent et contradictoire dans la mesure exacte dans laquelle le principe ascétique est mis en action. Qu'y a-t-il de funeste au monde, si ce qui crée le malheur ne l'est pas ? Quoi de plus absurde qu'une doctrine qui conduit ses zélateurs à se briser la tête contre un mur, sous le prétexte que le but définitif des actions humaines, c'est la souffrance ? Quoi de plus inconséquent qu'une croyance à laquelle l'expérience de la vie humaine donne à chaque pas un démenti ? Et que saurait-il y avoir de plus contradictoire que l'inconséquence et l'absurdité manifestées sous leurs formes les plus flagrantes, et poussées à tous les extrêmes de la folie et de l'égarement ?

Mais il n'est pas aussi facile d'en finir avec les adversaires indirects du principe qui a la maximisation du bonheur pour base. *Ipse dixi, je l'ai dit*, cet orgueilleux Protée, qui prend toutes les formes que l'imagination ou le caprice peuvent suggérer, a pour père le despotisme, et donne lui-même le jour à toutes les absurdités.

Les erreurs de John Locke sur la fin et l'objet du gouvernement se manifestaient non seulement dans sa théorie du contrat primitif, mais encore dans le point de vue étroit sous lequel il avait envisagé les peines et les plaisirs, et dans l'opinion où il était que la morale et la politique peuvent s'expliquer par la production seule des rapports que ces mots ont l'un avec l'autre. On peut en dire autant de sa doctrine du *malaise* considérée comme cause de l'action, comme si un homme jouissant de certains plaisirs ne pouvait rechercher d'autres plaisirs encore. Cette erreur prouve combien les idées de plaisir se présentaient vagues à son esprit. Dans sa théorie du contrat primitif, au but que doit se proposer tout gouvernement, et qui n'est autre que le bonheur de la communauté, on oppose un but tout différent qu'on lui préfère. Et ce but, fût-il vrai au lieu de n'être qu'une fable, une fiction, un mensonge, serait tout-à-fait indigne d'être mis en regard du principe de la maximisation du bonheur. Et en effet, quoique ce principe exige dans le plus grand nombre des cas l'exécution fidèle des stipulations et contrats, cependant il est des cas où la destruction du contrat lui-même serait la conséquence de son exécution. Supposons, par exemple, qu'un homme se soit engagé à commettre un crime, cet engagement sera-t-il considéré comme sacré ? Et que dirons-nous d'un principe qui enchaînerait tout le monde à l'exécution d'un contrat devant avoir pour conséquence la destruction des plaisirs et une continuation de peines, et cela après que l'expérience aurait démontré que le non-accomplissement du contrat conserverait les plaisirs et écarterait les peines ?

C'est en substituant ainsi une fin partielle et secondaire au seul but large et légitime du gouvernement, qu'on a fourni à l'arbitraire de redoutables instruments de puissance. C'est en invoquant ainsi l'exécution des promesses ou des contrats, que des principes et des actes du caractère le plus funeste et le plus malfaisant ont trouvé des adhérents et des défenseurs.

Par des promesses ou des menaces, par les moyens de corruption de toute espèce, mis en pratique par les gouvernants, on arrache aux citoyens des déclarations auxquelles on donne fréquemment la sanction du serment, et par lesquelles ils s'engagent à tenir telle ligne de conduite en toute circonstance et à tout événement. Ces engagements sont un des plus forts liens qu'emploie le despotisme pour tenir ses partisans enchaînés à sa cause ; et c'est aussi sous ce rapport que le dissentiment le plus complet existe entre le despotisme et le principe de la maximisation du bonheur. L'histoire nous apprend que de tels engagements sont rares entre les gouvernants et les nations ; et en supposant même leur existence, ils sont nuls de plein droit ; ils n'engagent pas plus la postérité que ne le feraient les promesses d'un homme ivre. De deux choses l'une : ou l'engagement est conforme au principe de la maximisation du bonheur, et la reconnaissance de ce principe doit suffire, et vaut infiniment mieux que l'engagement lui-même ; ou il lui est opposé, et sa mise à exécution ne peut produire que le crime, le malheur et la souffrance humaine ; et si de tels résultats ne peuvent être évités que par la résiliation du contrat, qui osera demander son exécution ?

S'il est ici-bas une chose déplorable, c'est que des hommes que distinguent un beau talent, une haute intelligence, des affections généreuses, s'obstinent pour eux-mêmes et pour les autres à fermer les yeux à la lumière de la raison et de l'expérience.

En ne donnant à la justice qu'une seule base, la propriété, Locke a perdu de vue beaucoup d'autres objets sur lesquels la malveillance des individus peut s'exercer, et que les gouvernements doivent conséquemment protéger. Il passe sous silence le pouvoir, la réputation, la position sociale, l'exemption de peines et d'autres objets de possession (car la langue ne nous fournit pas de terme plus convenable) ; toutes choses qui réclament la protection des lois civiles et pénales.

C'était une chose douloureuse, imprudente, et on ne peut plus malheureuse que cette définition irréfléchie, que cette tentative de jeter avec de si faibles matériaux les fondements de la félicité humaine, en les asseyant uniquement sur la justice et le droit de propriété. Funeste victoire que celle qu'un adversaire habile et de mauvaise foi eût pu, en cette occasion, remporter sur un esprit probe, candide, et que tant de motifs recommandent à notre affection ! Quoi ! la propriété seule aurait droit à la sollicitude du gouvernement ! Les propriétaires seraient les seuls qui eussent droit de réclamer sa possession ! Le propriétaire seul aurait le privi-lège d'être représenté dans ces assemblées auxquelles est déléguée une part de la souveraineté ! Les pauvres seraient livrés en masse aux riches, qui en feraient leurs esclaves, et auraient le droit de les traiter comme tels ! Ainsi l'esclavage corporel, pire encore peut-être que l'esclavage politique, serait sanctionné ; et on ferait au gouvernement un devoir de produire et de maintenir un tel état de choses !

C'est dans les colonies des Indes-Occidentales que devrait aller chercher l'application de sa théorie, le prétendu champion de la liberté et d'un bon gouvernement. Et en effet on aurait pu à bon droit appliquer la théorie de John Locke à la justification de l'esclavage, c'est-à-dire, du pire de tous les fléaux, du malheur poussé à ses dernières limites.

Néanmoins, il faut le dire pour la justification de ce philosophe, qui, après tout, a un droit réel, immense et incontestable à la reconnaissance du genre humain ; son expérience ne s'était pas élevée au-delà de l'aristocratie, au-delà de la minorité riche et influente des gouvernants. Quant à la masse nationale, quant à la majorité pauvre des gouvernés, elle n'était point entrée encore dans la sphère de ses investigations. Elle n'était point encore arrivée à un degré suffisant d'importance pour qu'il lui fût nécessaire de s'occuper d'elle.

Ce qui prouve que, sous le point de vue de l'expérience, tel était, en effet, l'état de son esprit, et que dans l'application de cette expérience, ses vues en morale, en politique et en législation, étaient en conséquence très bornées, c'est la constitution qu'il rédigea pour l'une des Carolines ; œuvre dans laquelle, tout le monde en convient, il a complètement échoué.

Locke est donc l'idole qui, dans le temple de la dévotion britannique, compte le plus d'adorateurs parmi ces hommes qui ont adopté pour évangile politique la constitution parfaite et sans pareille émanée de la glorieuse révolution de 1688, cette constitution qui compte parmi ses bienfaits immédiats le despotisme protestant et l'esclavage des catholiques.

Ce fut en 1785 que Paley publia ses *Éléments de Philosophie morale et politique*. Il fait mention du principe de l'utilité, mais il ne paraît pas se douter de ses rapports avec le bonheur. Et en supposant même qu'il en eût eu l'idée, il eût été le dernier à l'exprimer. Il écrivait pour la jeunesse de l'université de Cambridge, où l'on sait qu'il professait. Sous un tel méridien les yeux étaient trop faibles (et il n'avait nulle envie de les fortifier) pour supporter la lumière de l'astre de la félicité utilitaire. Dépourvu lui-même de toute sincérité, défenseur déclaré et audacieux de l'imposture, qu'attendre de son courage et de sa vertu ? Lui-même, lorsqu'il était entre deux vins, il s'avouait l'ami et le champion de la corruption, assez riche pour avoir un équipage, « pas assez pour avoir une conscience. » Pendant les vingt dernières années de sa vie, son ouvrage fut le livre classique des universités anglaises ; mais il laissa la question utilitaire où il l'avait trouvée, ne daignant pas même honorer d'un mot de plus ce principe bienfaisant.

En 1789 parut l'*Introduction aux Principes de la morale et de la législation*. Là, pour la première fois, les peines et les plaisirs sont définis séparément, et régulièrement groupés ; et leur classification et leur définition est si complète, pour tous les besoins ordinaires des investigations morales et législatives, que dans la suite Bentham n'a trouvé presque rien à modifier ou à ajouter dans cette liste. A côté des peines et des plaisirs on a présenté les motifs correspondants, et une idée claire et déterminée a été attachée aux ressorts des actions, en montrant leur opération séparée. En outre, l'auteur met à nu et passe au creuset cette phraséologie qui a fait tant de mal dans le domaine du juste et de l'injuste, en substituant le jugement des *motifs* au jugement des actes, en sorte que le même motif est souvent décrit en termes opposés et contradictoires. Quelquefois la forme eulogistique est adoptée pour exprimer des sentiments d'approbation ; d'autres fois la forme dyslogistique pour communiquer un sentiment de désapprobation ; quelquefois la forme neutre pour éviter l'expression soit de l'éloge, soit du blâme ; mais, dans tous les cas, ces qualifications inconvenantes et trompeuses ne servent qu'à égarer la marche de l'investigateur et à défigurer la vérité. Nous avons eu l'occasion d'entendre exprimer sur cet ouvrage extraordinaire, et véritablement philosophique, l'opinion des hommes les plus éclairés et les plus distingués de nos jours, étrangers à l'école utilitaire. Nous les avons entendus après une discussion sur l'œuvre littéraire qu'on doit considérer comme la production intellectuelle la plus remarquable du siècle dernier, décerner unanimement cet honneur à l'*Introduction aux Principes de la morale et de la législation*. Cependant, dans les dernières années de sa vie, Bentham était loin de considérer cet ouvrage comme complet. Il n'avait point fait entrer dans sa nomenclature les intérêts et les désirs de l'homme, et il avait employé la phraséologie de l'utilité au lieu de celle du bonheur.

La première partie de la *Chrestomathie* fut publiée en 1810 ; la seconde partie parut l'année suivante. Le principal objet de cet ouvrage était de grouper ensemble les diverses branches des arts et des sciences, et de faire voir comment elles conduisent au bonheur ; d'indiquer les rapports qui les unissent par suite de cette propriété commune, et de leur imprimer à toutes une direction capable de produire pour résultat la maximisation du bonheur. Dès l'année 1769 ce sujet avait occupé l'esprit de Bentham. Dès cette époque il avait imaginé de faire du bonheur la souche commune de laquelle s'élèveraient toutes les branches de la science, formant ainsi un arbre encyclopédique parfait. Il avait trouvé dans les écrits de Bacon l'arbre primitif ; d'Alembert l'avait en quelque façon amélioré. Mais ni le philosophe anglais, ni l'écrivain français, n'avaient fait attention à cette propriété, la plus utile de toutes, vers laquelle tendent tous les arts et toutes les sciences, et de laquelle ils tiennent toute leur valeur. Les arbres qu'ils avaient plantés n'avaient jamais pu prendre racine ; et, devant la noble création de Bentham, ce ne sont que des troncs stériles qui ne font qu'embarrasser le sol.

Ce fut en 1817 que parut le *Tableau des ressorts de nos actions*. Le but de l'auteur était de fournir des moyens de comparer et d'observer les rapports mutuels entre les peines et les plaisirs, les attractions ou motifs, les désirs et les intérêts. Il tâcha de compléter la liste des éléments qui influent sur la conduite. Dans ses premiers écrits ses investigations s'étaient principalement portées sur les peines, les plaisirs et les motifs. Bentham y ajouta en cette occasion les désirs et les intérêts correspondants, proposant en même temps, pour rendre le travail plus complet et plus logique, que chaque intérêt fût désigné par un nom particulier. Helvétius avait attaché des noms à certains intérêts ; Bentham proposa de perfectionner la nomenclature, et de faciliter l'association entre tous les points de comparaison, en présentant les objets sous la forme synoptique. A ce tableau il joignit des notes expliquant le sens et déterminant l'expression d'autres termes psychologiques tels que passions, vertus, vices, bien moral, mal moral, etc., indiquant leur connexion avec les objets contenus dans le tableau. Bien que le principe de la maximisation du bonheur fût constamment présent à l'esprit de Bentham, et exerçât sur ses idées une influence toute puissante, il n'est pas mentionné nominativement dans les ressorts de nos actions.

Néanmoins ce livre indique un progrès dans la philosophie utilitaire. La manière dont les motifs opèrent sur la conduite avait été expliquée avec beaucoup de clarté dans l'*Introduction aux Principes de la morale et de la législation*. Les motifs, sources de l'action dans toutes ses modifications, sont associés aux plaisirs et aux peines sur lesquels ils influent ; en effet, un motif n'est autre chose que la crainte d'une peine devant résulter d'un certain mode d'action, et qu'on demande à la volonté d'éviter, ou l'espérance d'un plaisir qu'on demande à la volonté de créer. Les *Ressorts de nos actions* firent pour les intérêts ce que l'*Introduction* avait fait pour les motifs ; cet ouvrage établit aussi la distinction entre les motifs et les désirs. À chaque désir Bentham attacha les adjectifs par lesquels on avait qualifié ce désir, afin de répondre au besoin de ceux qui, dans leurs discours ou leurs écrits, auraient occasion d'en parler dans des termes d'éloge ou de blâme, le même désir ayant ordinairement trois désignations, une d'éloge, une de blâme et une autre neutre.

Ayant observé l'emploi prodigieux de ces qualifications collatérales comme instruments d'erreur et de déception, surtout aux mains d'imposteurs intéressés, il pensa que ce serait faire une chose utile que de noter et de signaler par des dénominations appropriées, la différence qui caractérise chacune de ces trois classes. C'est ainsi que, pour désigner le cas où à l'idée de désir celui qui parle attache dans sa pensée l'idée de désapprobation, il employa l'épithète de *dyslogistique* ou improbatif ; et que pour désigner le cas où à l'idée de désir se joint l'idée d'approbation, il employa l'épithète d'*eulogistique* ou approbatif.

Bentham a fréquemment déclaré que dans tous ses travaux et toutes ses investigations, une idée dominante avait toujours été présente à son esprit. Si, armé de sa devise célèbre, l'expérience, Bacon s'est justement honoré en faisaut, pour l'avancement de la philosophie naturelle, plus qu'aucun homme n'avait fait avant lui, de son côté Bentham, avec sa devise toujours présente, « l'observation », a droit d'être placé au premier rang parmi les hommes qui ont contribué par leurs travaux aux progrès de la philosophie morale.

Les phénomènes du monde matériel, dans l'ordre où ils se présentent, ou dans lequel on peut les faire se présenter avec les relations des causes aux effets et des effets aux causes qui paraissent exister entre eux, peuvent sans réserve aucune (en évitant tout dommage aux personnes et aux choses) être pris pour sujets d'expérience aussi bien que d'observation en tant qu'appliqués au monde matériel. Dans la science morale et politique les sujets d'observation sont les peines et les plaisirs, en tant qu'ils résultent respectivement des diverses modifications dont la conduite ou l'action humaine est susceptible. On peut les prendre sans réserve pour matière d'observation ; mais non sans beaucoup de réserve et de prudence pour matière d'expérience, surtout lorsque l'expérimentaliste n'est ni le souverain, ni l'une des personnes investies à cet effet de son autorité. C'est donc par l'observation des occasions et des formes dans lesquelles les peines ou les plaisirs, mais spécialement les peines, résultent des modes d'action qui les produisent respectivement, que Bentham constate la quantité et la qualité des curatifs à appliquer aux maux que les actions de la classe malfaisante amènent à leur suite ; et, tandis que la plume est occupée à tracer leurs qualités ou leurs formes respectives, il finit que la balance les pèse avec exactitude et fasse connaître leurs quantités respectives.

Dans l'application de la législation aux choses de la vie, le législateur n'a que le choix des maux. Il ne peut y avoir de gouvernement sans coercition, de coercition sans souffrance ; et, envisagée isolément, cette coercition doit être un mal. Les fonctions pénales du gouvernement consistent dans l'application de ce mal aux délinquants, à l'effet d'obtenir, dans l'intérêt de la communauté, une exemption de maux plus grands, ou la production de plaisirs d'une valeur plus grande que les souffrances créées par l'interposition coercitive.

C'est ainsi que le principe de la maximisation du bonheur amène le législateur dans le domaine des peines et des plaisirs particuliers, et la première émanation de ce principe est le principe du non-désappointement. Il est la seule base de la propriété. Car si la perte de la propriété n'entraînait aucun désappointement, le sentiment d'aucune souffrance, il n'y aurait aucune nécessité de punir la violation de ce qu'on est convenu d'appeler le droit de propriété. Que le désappointement soit empêché autant que possible : pourquoi ? Parce que le désappointement ne peut avoir lieu sans peine. Inséparablement unie à l'idée du désappointement est celle de l'attente, de l'attente agréable. Le désappointement empêche l'attente de se réaliser. Le législateur a pour mission de protéger les gouvernés contre les peines de ce désappointement.

Une observation de lady Holland fit beaucoup d'impression sur l'esprit de Bentham. Elle lui dit un jour que sa doctrine de l'utilité mettait un *veto* sur le plaisir, tandis que lui s'était imaginé que l'allié le plus précieux et le plus influent que pût trouver le plaisir, c'était le principe de l'utilité. Dès lors il était évident que, non seulement le mot d'utilité ne transmettait pas à la pensée des autres les idées que Bentham y attachait, mais leur communiquait, au contraire, des idées différentes et tout opposées. Et, il faut l'avouer, si la maximisation du bonheur n'est pas reconnue préalablement comme le but définitif de l'utile, il est à craindre que la doctrine de l'utilité ne soit représentée comme utile à d'autres fins ; et si, à la recherche du plaisir, on vient à attacher une idée de désapprobation, il est clair que ce sera à s'abstenir de cette recherche que devra consister l'*utilité*. C'est ainsi que les objections de Bentham contre la phraséologie utilitaire se fortifiaient de jour en jour.

Ce fut en 1822, dans son *Projet de codification*, que Bentham fit usage pour la première fois de cette formule : « Le plus grand bonheur du plus grand nombre. » Tout ce qui est proposé dans cet ouvrage y est subordonné à une nécessité fondamentale, « le plus grand bonheur du plus grand nombre. » Dans ce livre le bonheur, l'utilité, les peines, les plaisirs, s'expliquent l'un par l'autre, et l'augmentation de la félicité de tous, par l'accroissement des plaisirs et l'exemption de peines, est l'objet constamment présenté à la pensée. Ce qui contribue beaucoup à retarder les progrès des sciences philosophiques, c'est cette absence d'expressions propres que présentent plus ou moins toutes les langues connues. Si au mot utilité il eût été possible d'associer habituellement et irrévocablement l'idée de bonheur, le mot utilitairianisme eût convenablement désigné le principe ayant pour objet la maximisation du bonheur des hommes, et par utilitaires on eût désigné les partisans et les défenseurs de cette doctrine. Bentham eut une fois l'idée d'exprimer le principe utilitaire par le mot *eudaimonologie*, et ses adhérents par celui d'*eudaimonologistes*. Pour ceux qui savent le grec, ces mots eussent été suffisamment intelligibles ; mais cette connaissance est si peu répandue, qu'il ne jugea pas convenable de recommander l'adoption générale de ces termes. Ajoutez à cela l'habitude où l'on est généralement d'écrire ce mot *eudæmonologie*, et la crainte qu'ainsi présentée, cette expression n'effarouchât la piété de certains hommes qui auraient pu y associer l'idée d'une doctrine, d'un art, d'une science, ayant les démons pour objet. Plus tard, lorsque le principe se sera popularisé dans d'autres pays, et surtout dans ceux dont la langue se rattache à la langue latine, il sera possible alors de trouver un terme ayant chance d'être admis dans la phraséologie générale. On pourra alors proposer l'adoption des mots *félicitisme*, *félicitiste*, *félicitairianisme*, *félicitaires*. En français, le substantif *félicité* n'a d'autre dérivé que le verbe *féliciter*, complimenter quelqu'un sur son bonheur. Les Anglais ont encore *felicitous*, heureux, dont on doit se féliciter. Une plus grande abondance de dérivés serait dans nos langues modernes d'un secours précieux, surtout dans le cas dont il s'agit ici. Cependant, pour donner au mot félicitisme toute sa portée, l'idée superlative est nécessaire. Cette idée pourra être exprimée par les mots *maximisation* et *maximiser*, empruntés à la langue si énergique, si pittoresque de Bentham. Le bonheur maximisé, ou la maximisation du bonheur, serait alors le terme le plus exact qui pût être employé.

Nos langues modernes, plus ou moins empreintes du caractère gothique, ne se prêtent que difficilement aux besoins de l'utilitairianisme. Il est plus difficile encore de tirer de leurs radicaux des dérivés capables de remplacer ceux que le latin fournit en abondance.

Le principe de la maximisation du bonheur a pour antagoniste le principe absolu et magistral qui a pour devise *ipse dixi*, je l'ai dit. Pourquoi de cette appellation ne tirerait-on pas ses dérivés ? Pourquoi n'en formerait-on pas les mots d'*ipsedixitiste* et d'*ipsedixitisme* ?

Pendant que nous sommes sur ce sujet, il n'est pas hors de propos de dire ici, en réponse à ceux qui ont si souvent blâmé

Bentham de l'étrangeté de sa phraséologie, qu'il n'est aucun objet qui ait plus habituellement occupé son esprit que la recherche de termes propres à exprimer ses idées. Nul n'était plus pénétré de l'importance d'une nomenclature convenable, comme instrument nécessaire d'un raisonnement logique, pour l'introduction et la propagation des idées justes. Un empereur romain avait mis toute son ambition à créer un mot nouveau que sanctionnerait l'usage et la postérité. Bentham en a créé au moins deux que les langues modernes ont adopté ; c'est l'adjectif *international* et le substantif *codification*, dont on a fait *codifier* et *codificateur* ; et bien que l'emploi des mots *maximiser, maximisation, minimiser, minimisation*, également créés par lui, n'ait pas encore été aussi universellement adopté, néanmoins, le cours qu'il leur a donné, la valeur qu'il y a attachée, suffisent pour donner l'assurance qu'ils ne tomberont jamais dans l'oubli.

Mais il n'est pas jusqu'aux mots qui sont dans la bouche de tout le monde, qui ne soient employés sans une connaissance exacte de leur signification précise et réelle. Qu'est-ce que la *vertu* et le *vice*, la *justice* et l'*injustice* ? Comment, si ce n'est à l'aide du principe de la maximisation du bonheur, peut-on faire, d'aucun de ces termes, une application utile ? Toutes les fois, en effet, qu'on les emploie, on implique ou on exprime quelque relation avec le principe de la maximisation du bonheur, ou avec le principe qui lui est directement contraire, le principe ascétique ou dogmatique, c'est-à-dire, l'ipsedixitisme. Dans le but proposé il faut adopter pour critérion ou le bonheur, ou le malheur, ou une opinion quelconque, suffisante par elle-même pour déterminer le critérion. L'appellation d'*ipsedixitisme* n'est pas nouvelle ; elle nous a été transmise par une autorité ancienne et respectable. Cicéron nous apprend que c'était le principe adopté par les disciples de Pythagore, *ipse* (c'est-à-dire, lui, le maître, Pythagore) ; *ipse dixit*, il l'a dit, le maître l'a dit. Il a dit que cela était ainsi ; donc, disaient les disciples de ce sage illustre, cela est ainsi.

Quand Bentham publia l'*Introduction aux Principes de la morale et de la législation*, il pensait que le principe de la sympathie et de l'antipathie devait être considéré comme la base de l'une des théories de la morale. Plus tard il découvrit que ce n'était là que le principe dogmatique, que l'ipsedixitisme, divisé en deux branches, celle de la sympathie appliquant les récompenses, celle de l'antipathie appliquant les punitions ; mais qui, lorsqu'on les sépare du principe de la maximisation du bonheur, n'expriment que l'autorité qui sert de fondement à la doctrine de l'ipsedixitisme.

Il imagina ensuite et employa l'expression de principe du caprice pour désigner cette branche de l'ipsedixitisme qui s'applique à la loi civile ou non pénale, laquelle embrasse tout ce qui n'est pas du domaine de le loi pénale ; cette loi civile ou non pénale qui est dominée tout entière par le principe du non-désappointement.

Mais revenons au vice et à la vertu. Par vertu on entend, sous l'empire du principe de la maximisation du bonheur, une ligne de conduite et une disposition correspondante propre à conduire au bonheur : par vice, ce qui n'est propre qu'à conduire au malheur. Néanmoins, à l'égard de la vertu, il est nécessaire d'admettre ici un correctif. En effet, l'exercice des actes qu'on appelle vertueux exige toujours une somme plus ou moins grande d'abnégation ; c'est-à-dire, le sacrifice de quelque bien présent, consistant soit en plaisir, soit en exemption de peine, à un plus grand bien à venir. Pour maintenir le principe en question dans les limites du vrai, ce correctif est indispensable. Il y a, à cet égard, évidence irrésistible. Parmi les actes dont l'exercice a pour objet la continuation de l'existence, et parmi ceux au moyen desquels le plaisir est goûté, la peine évitée ou écartée, il en est peu auxquels puisse convenablement s'appliquer la dénomination de vertus. Pourquoi ? Parce que dans leur exercice il n'y a point d'abnégation, point de sacrifice d'un bien présent à un bien à venir.

Mais ici se présente une objection. Supposez un homme qui se soit tellement accoutumé à dominer ses appétits et ses désirs, que, dans le sacrifice d'un bien actuel moins grand à un plus grand bien à venir, il n'éprouve aucune répugnance, rien en un mot de ce qui constitue l'exercice de cette vertu qu'on appelle abnégation, direz-vous de cet homme que, dans sa constitution intellectuelle, la vertu est à un moindre degré de perfection que dans celui dans l'esprit duquel se renouvelle continuellement la lutte entre l'esprit et la chair, entre le bien inférieur actuel et le bien supérieur à venir ? Non, certainement. Mais il n'en est pas moins vrai que, pour appliquer aux habitudes ou aux dispositions d'un homme l'appellation de vertu, il est indispensable de supposer que ces habitudes sont accompagnées d'une certaine somme de répugnance, et par conséquent d'abnégation : dans le cas dont il s'agit, rien de pareil n'a lieu ; mais la chose a dû avoir lieu à une époque antérieure quelconque ; seulement le temps a, par degré, affaibli la répugnance, de même qu'une longue habitude finit par nous rendre agréable un travail qui nous répugnait d'abord.

Le principe de la maximisation du bonheur n'a pas eu seulement à souffrir de l'hostilité des principes qui lui sont directement contraires, il a encore eu à résister aux usurpateurs cachés et puissants de son nom et de son autorité et c'est de cette source que les coups les plus funestes peut-être lui sont venus. On l'a cité, on lui a rendu hommage en réclamant son alliance pour des principes qui, par le fait, se rattachaient entièrement à l'ipse-dixitisme. Telle a souvent été la position de ces hommes qui, se couvrant d'un manteau et d'un titre respecté, se sont faits les prédicateurs de la justice, et qui vont débitant leurs préceptes, leurs lois, leurs commandements, de quelque nom qu'on les veuille appeler, s'écriant à qui veut les entendre : « Faites ceci et cela, car la justice l'exige. » Il y a là deux assertions qui toutes deux représentent le système de l'ipse-dixitisme ; à savoir, premièrement, que la justice est le critérion auquel tout doit se référer ; et secondemnent, que ce qu'on vous demande de faire est exigé par la justice, assertions, nous n'avons pas besoin de le dire, que n'appuie aucun argument, qui toutes deux sont purement gratuites et dogmatiques.

Quand Godwin intitula son ouvrage si connu : *De la Justice politique*, il se rendit coupable d'un acte d'insubordination, pour ne pas dire de rébellion et de haute trahison, contre la souveraineté du seul principe légitime et tout puissant.

La justice est ou n'est pas subordonnée au principe de la maximisation du bonheur ; ses préceptes enseignent ou n'enseignent pas à minimiser le malheur, à maximiser le bonheur. S'ils l'enseignent, jusque-là ils s'accordent avec ce principe et le représentent.

Mais supposons qu'ils diffèrent, qu'il y ait entre ces deux principes dissonance et hostilité, lequel doit succomber ? La justice ou le bonheur ? Les moyens ou la fin ?

Pour avoir une intelligence convenable de la signification du mot justice et de son application, il faut la diviser dans ses deux branches, l'une civile, l'autre pénale. Car rien de plus vague, de plus obscur, de plus incomplet, que les idées attachées au terme de justice dans le sens qu'on lui donne d'ordinaire.

La justice civile, c'est la reconnaissance de tous les droits de propriété, quelle que soit leur forme, soit comme objets de désir, soit comme objets de possession. Troubler le possesseur dans ses espérances ou dans sa possession, ou l'en priver, c'est créer dans son esprit les peines du désappointement, peines que le principe de la maximisation du bonheur nous fait un devoir d'écarter. Ce principe du non-désappointement ne le cède en importance qu'au principe qui se propose la création du bonheur.

La partie pénale de la justice présente un aspect différent. Elle a pour objet de minimiser les torts. Les moyens qu'elle emploie sont la prévention, la répression, la satisfaction, la punition. Ce n'est qu'autant que les torts sont une cause de malheur, qu'il est nécessaire de recourir aux voies pénales. Réduire la somme des torts, et par-là les sources de souffrances qui en résultent, et obtenir ce résultat au prix de la moindre quantité de peines possible, c'est là ce qu'exige la justice qui s'allie au principe de la maximisation du bonheur. Mais il n'est pas rare que, sous le nom de justice, on propose des fins et des moyens d'exécution bien différents.

Bentham, dans les dernières années de sa vie, après avoir soumis à un examen plus approfondi cette formule : « Le plus grand bonheur du plus grand nombre », crut ne pas y trouver cette clarté et cette exactitude qui l'avaient d'abord recommandée à son attention. Voici les raisons que lui-même assigne à ce changement dans son opinion. Nous donnions textuellement ses paroles :

« Prenez une société quelconque; divisez-la en deux parties inégales ; appelez l'une majorité, l'autre minorité. Déduisez du total les sentiments de la minorité ; ne faites entrer en compte d'autres sentiments que ceux de la majorité. - Vous trouverez pour résultat de l'opération une balance, non de profit, mais de perte sur la somme du bonheur total. La vérité de cette proposition sera d'autant plus palpable, que le nombre de la minorité se rapprochera plus de celui de la majorité ; en d'autres termes, que moindre sera la différence entre les deux parties inégales ; et en supposant les deux parties égales, la quantité d'erreur sera alors à son maximum.

« Soit le nombre de la majorité 2,001, le nombre de la minorité 2,000 ; soit, d'abord, la masse de bonheur divisée de telle sorte, que chacun des 4,001 en possède une portion égale. Prenez alors à chacun des 2,000 sa part de bonheur, et partagez-la de manière ou d'autre entre les 2,001 ; au lieu d'une augmentation de bonheur, grande sera la diminution que vous obtiendrez pour résultat. Soient, pour rendre la proposition plus complète, les sentiments de la minorité mis entièrement hors de compte, il se peut que le vide ainsi laissé, au lieu de rester à l'état de vide, se remplisse de malheur, de souffrance positive qui, en grandeur, en intensité et en durée réunies, soit porté au plus haut point qu'il soit au pouvoir de la nature humaine d'endurer.

« Otez aux 2,000, et donnez à vos 2,00l tout le bonheur que vous trouvez en la possession des 2,000 ; remplacez le bonheur que vous avez pris par toute la quantité de malheur que le récipient peut contenir. Le résultat sera-t-il un profit net ajouté à la somme totale de bonheur possédée par les 4,001 réunis ? Tout au contraire. Le profit fera place à la perte. Comment ? parce que telle est la nature du récipient, que dans un espace de temps donné il peut contenir une plus grande quantité de malheur que de bonheur.

« A l'origine, placez vos 4,001 dans un état de parfaite égalité, sous le rapport des moyens, ou des instruments de bonheur, et spécialement du pouvoir et des richesses ; chacun d'eux dans un état d'égale liberté ; chacun possédant une égale portion d'argent ou d'objets précieux ; c'est dans cet état que vous les trouverez. Prenant alors vos 2,000, réduisez-les en esclavage, et, n'importe dans quelle proportion, partagez-les avec ce qui leur appartient entre vos 2,001. L'opération terminée, quel est le nombre de ceux qui auront obtenu pour résultat une augmentation de bonheur ? La question se résout d'elle-même.

« S'il en était autrement, remarquez l'application pratique qu'il faudrait en faire aux îles Britanniques. Dans la Grande-Bretagne, prenez tous les catholiques, faites-en des esclaves, et partagez-les dans une proportion quelconque, eux et leur famille, entre le corps entier des protestants. En Irlande, prenez tous les protestants, et partagez-les de la même manière entre tout le corps des catholiques. »

Bien que cette formule : Le plus grand bonheur du plus grand nombre ne satisfit pas Bentham, on peut douter cependant qu'il y ait réellement des raisons suffisantes pour la rejeter. Cette formule a exercé sur le jugement et les affections des hommes une influence si salutaire, qu'en l'abandonnant on s'exposerait peut-être à retarder les progrès des sciences morales et politiques.

On peut demander si, dans cette expression *le plus grand* bonheur *du plus grand* nombre, c'est le terme *le plus grand* que l'on blâme. Hé quoi ! le bonheur de la simple majorité peut-il être *le plus grand bonheur ?* La simple majorité constitue-t-elle *le plus grand* nombre ? Comparés à un bonheur, à un nombre moins grand, ce nombre, ce bonheur, peuvent être plus grands ; mais, comparés au tout, peut-on dire de l'un ou de l'autre qu'il est *le plus grand ?* Les suppositions de Bentham ne sont-elles pas naturellement exclues par les termes mêmes dans lesquels le principe est formulé ? Il semble que ce n'est pas une simple question de majorité et de minorité. *Le plus grand bonheur,* c'est évidemment le bonheur *maximisé. Le plus grand* nombre ne peut être autre que le *tout.* Bentham, en proposant de réduire la formule à ces seuls mots : « Le plus grand bonheur, » ne lui a-t-il pas fait perdre de ce caractère bienfaisant, large, universel, qu'elle avait sous sa première forme ? Mais nous devions à la mémoire de ce grand homme de présenter les dernières inspirations de sa pensée sur un sujet d'un intérêt si élevé. [1]

---

1 oute la difficulté réside dans le superlatif *le plus grand* pris d'une manière relative, au lieu de l'être d'une manière absolue. En adaptant les mots *maximisation du bonheur*, nous avons évité toute équivoque. Mais nous croyons que, même en anglais, l'équivoque n'existait pas. Pour que le principe eût en vue la majorité et non pas la totalité, il eût fallu qu'on eût employé le comparatif au lieu du superlatif. *The greater happiness of the greater number*, eût désigné le bonheur de la majorité simple. *The greatest happiness of the greatest number* indiquait clairement la maximisation poussée à sa dernière limite, qui n'est autre que la totalité.

Sous ce rapport, M. Bowring a raison de défendre la première rédaction. Mais, après un examen plus approfondi de la question, on se convaincra que la possibilité seule d'une interprétation erronée dans une matière aussi grave, rendait nécessaire la dernière modification que Bentham a fait subir à cette formule. Nous dirons plus, celle-ci a le mérite d'une plus grande justesse, en ce sens qu'elle n'oblige pas a un calcul de majorité et de minorité, appréciation toujours difficile et fréquemment impossible ; mais qu'appelant l'attention de l'homme sur son propre bonheur, dont le bonheur d'autrui fait essentiellement partie, elle lui donne en lui-même une règle

Le danger de mettre en avant, comme principe général, toute proposition autre que celle qui se fonde sur la maximisation du bonheur consiste en ceci : ou elle coïncide avec le principe dominant, et alors elle est superflue ; ou elle ne coïncide pas avec lui, et elle est pernicieuse. Tout principe qui ne lui est pas subordonné, peut lui être opposé, soit diamétralement, soit collatéralement. On peut citer comme exemple d'opposition directe, le principe ascétique lorsqu'il est général et conséquent ; comme exemple d'opposition indirecte, les principes de toutes les sortes enfantées par l'ipse-dixitisme. « *Qui non sub me, contra me :* » qui n'est pas avec moi est contre moi ; c'est ce que peut dire au figuré le principe de la maximisation du bonheur, et au littéral chacun de ses partisans. Et qu'on ne regarde point cette déclaration comme le résultat de l'arrogance. Elle naît de la nature des choses et des nécessités de la matière. On aurait tort d'y voir de l'intolérance contre les défenseurs d'opinions opposées. Cet accompagnement ne lui est ni nécessaire ni naturel.

FIN DU TOME PREMIER.

ISBN : 978-1530171453

---

sûre, invariable, et d'une application facile et constante. M. Bowring, après de plus mûres réflexions, a fait disparaître de l'édition anglaise le passage qui a donné lieu à cette note. Nous avons cru devoir le conserver, comme texte de développemens utiles, et qui peuvent jeter un nouveau jour sur cette importante matière.(*Note du Traducteur.*)

Jeremy Bentham